EL PODER
DE VENCER

Serie Superación, 14

WALTER D. STAPLES

EL PODER
DE VENCER

IBERONET, S. A.
MADRID, 1995

Título original: POWER TO WIN
Versión española: M.ª Dolores Rodríguez Reboiro

Edita: IBERONET, S.A.
        C. Antonio Cavero, 43-C
        28043 Madrid

I.S.B.N.: 84-88534-39-6
Depósito Legal: Z. 80-95

Imprime: Talleres Editoriales COMETA, S.A.
        Carretera de Castellón, Km. 3,400
        50013 ZARAGOZA

Printed in Spain - Impreso en España

CONTENIDOS

PREFACIO

Cuando contemplo las muchas implicaciones que *El Poder de Vencer* tiene en el mercado mundial de hoy en día, me doy perfecta cuenta de la importancia de los individuos y del concepto que tienen de sí mismos: quiénes creen que son y lo que pueden o no pueden lograr. Este «sentido del yo» afecta necesariamente a todos los aspectos de la vida personal y profesional de un individuo.

Yo hablo a muchos grupos, y me impresiona un hecho increíble: muchas personas no se valoran y por tanto no esperan lograr mucho en la vida, al menos nada que se aproxime a su auténtico potencial.

Los psicólogos infantiles confirman el hecho de que la baja autoestima es uno de los mayores problemas a los que se enfrentan los adolescentes hoy en día. Y todos conocemos a adultos, algunos muy cualificados, que han renunciado a sus ambiciones y se han conformado con mucho menos de lo que podían lograr. Parece que la opción de tener grandes sueños, de tener grandes ideas, y de ser todo aquello que se suponía que debíamos ser ya no es considerada una opción viable por una gran parte de la población. Pero ¿podemos permitirnos, tanto individual como colectivamente, desperdiciar todo este talento humano?

Ir por la vida no es muy diferente de caminar sobre el alambre, en el sentido de que en ambos casos es relativamente fácil caerse. ¿Por qué? Porque nuestro nivel de autoestima es el factor crítico en todo aquello que pensamos, decimos, y hacemos, y nunca permanece constante. Un día está alto, y creemos que podemos hacer prácticamente cualquier cosa. Otro día está bajo, y nuestra confianza en nosotros mismos y en nuestra capacidad vacila. Además, la autoestima no se adquiere fácilmente. Podemos desarrollar un nivel apropiado de autoestima mediante nuestro propio esfuerzo, y ello no es tarea sencilla, o simplemente esperar que nos llegue de otras personas o acontecimientos en nuestras vidas. Por supuesto, raramente proviene de estas fuentes externas. Esa es la dura realidad.

De ahí la necesidad de capacitación personal. Consiste en la total aceptación de responsabilidad por nuestro nivel de autoestima, y en hacer todo lo necesario para asegurar que no sólo sobrevivimos, sino que prosperamos y crecemos. La autoestima determina la calidad de todos los aspectos de nuestras vidas porque afecta directamente a todo aprendizaje y a todo logro. Como tal, es una cuestión que debe preocupar no sólo a los individuos, sino a padres, escuelas, organizaciones y gobiernos por igual.

De hecho, en el sentido más amplio, la autoestima tiene una relación directa con el bienestar económico de las naciones. Todos hemos asistido al nacimiento de la era de la información, y hemos observado un espectacular desplazamiento del trabajo manual hacia el trabajo intelectual como actividad dominante de los empleados. Vivimos en una economía mundial caracterizada por rápidos cambios, por un progreso tecnológico acelerado, y por una competencia internacional sin precedentes, todo lo cual exige mayores niveles de educación, formación, y competencia que no fueron aplicables a generaciones precedentes.

Estos cambios necesariamente exigen más de cada individuo: una mayor capacidad de innovación y creatividad, autodesarrollo, y responsabilidad personal. Y ello a lo largo de toda la estructura jerárquica, desde la alta dirección hasta el último miembro de la plantilla.

Una empresa moderna ya no puede sobrevivir si está dirigida por unas pocas personas que realizan todo el trabajo intelectual y toman todas las decisiones, mientras otras están obligadas a hacer sólo lo que se les dice. Hoy en día las organizaciones necesitan estimular la iniciativa individual, la confianza en uno mismo, y la responsabilidad a todos los niveles. *Todos* deben ser capaces de contribuir.

Para que esto suceda, será necesario un profundo cambio de mentalidad de la sociedad que fomente, estimule, y recompense el esfuerzo individual; todo lo cual requiere mayores niveles de autoestima. La organización que sea capaz de fomentar una alta autoestima y promover la excelencia individual, será la que prospere y crezca.

¿Algo difícil de lograr? Sí, ciertamente. Pero no tenemos otra elección. Debemos aceptar el reto y poner manos a la obra. Con este propósito, le pido a usted que se comprometa y haga su propia y significativa contribución.

INTRODUCCIÓN

*Intencionadamente o no, nuestros pensamientos
y sentimientos diarios crean nuestro mundo.
La capacidad para labrar nuestro futuro
está en el presente.
El mundo tal y como lo percibimos y lo aceptamos
es el mundo en que vivimos.*

Las personas están constantemente luchando para obtener mayor control sobre sus vidas, pero generalmente fracasan porque no tienen ni idea de en qué pueden influir y
en qué no pueden. Creen en el viejo adagio de que la vida es
lo que uno hace de ella, pero ello no hace sino aumentar su
confusión y frustración. A medida que la presión aumenta,
estas personas se esfuerzan más, esperando forzar los cambios que desean, o renuncian completamente resignándose
al «hecho» de que son simples mortales y no deberían exigirle
demasiado a la vida. Ninguno de estos métodos, por supuesto, producirá los resultados deseados.

La mayoría de las personas van por la vida considerán-
dose marionetas en una cuerda manejada por las manos del
destino. Esta visión fatalista despoja a los individuos de su
poder de razonar, de su voluntad, y de su derecho a elegir.
Lamentablemente, la mayoría de las personas no son conscientes de la primera ley de la naturaleza: lo que elegimos
pensar hoy finalmente sucederá en el futuro. En otras palabras, aquello que usted y yo pensamos y sentimos, y cómo

13

pensamos y sentimos, determina en el presente cómo actuamos, lo que a su vez determina las futuras consecuencias de nuestra conducta como una natural relación causa efecto.

Nuestra mente crea nuestro mundo tal y como lo conocemos. No existe una sola realidad; la realidad que conocemos y aceptamos hoy es simplemente un producto de nuestra forma particular de pensar en este punto del tiempo, incluyendo nuestro sentido del yo. El hecho es que realmente no sabemos quiénes somos ni tenemos idea de qué talentos y capacidades se esconden dentro de nosotros. Pero *creemos* que lo sabemos, y por supuesto expresamos esa interpretación particular cada día de nuestras vidas. Sin embargo tenemos la opción de cambiar nuestra valoración de nosotros mismos en cualquier momento, basándonos en nueva información, o poniendo al día vieja información.

El presente es siempre un momento breve y pasajero, y a menudo implica tener ideas y sentimientos del pasado. Adicionalmente, una gran parte de nuestro pensamiento actual consiste en preocuparnos por el futuro. Meditar largamente sobre el pasado o el futuro, sin embargo, sólo hace que las ansiedades y los miedos dominen nuestras mentes. Siempre creamos miedo cuando imaginamos lo que podría ocurrir basándonos en fracasos pasados.

Nuestro pensamiento en el presente no necesita concentrarse sólo en estos aspectos. Considere qué piensan los golfistas profesionales cuando golpean la bola desde el *tee*. Ciertamente se concentran en la técnica apropiada y en una buena ejecución. ¡Sencillamente creen que lo que desean que suceda sucederá! La hermosa trascendencia de la ley —aquello que pensamos sucederá— es que si practicamos el control del pensamiento consciente de forma eficaz en el presente, el futuro se resolverá por sí mismo y producirá los productivos resultados por los que todos luchamos con denuedo.

Debemos recordar que el momento actual es el único que existe. Cuando nos concentramos en tener éxito en el presente, es imposible experimentar miedo. Este es el poder de la expectativa positiva en acción. El optimismo es simplemente una actitud de la mente.

Si practicamos el pensamiento positivo apasionado, actuaremos de forma positiva y entusiasta; por otra parte, si practicamos el pensamiento destructivo y negativo, actuaremos de forma negativa e improductiva. En ambos casos, los que nos rodean responderán de la misma forma. Recibiremos reacciones positivas o negativas en proporción directa a cómo estemos satisfaciendo las necesidades de otras personas. Saber el tipo de reacción que deseamos debe convencernos de que actuar apropiadamente desde el principio redunda en nuestro beneficio.

Esta ley demuestra que nuestros pensamientos y sentimientos determinan nuestro futuro; y todos podemos controlar nuestros pensamientos y sentimientos. Están todos dentro de nuestro poder personal. De hecho, son las únicas cosas en la vida sobre las que tenemos total control. Pero es suficiente. Son todo lo que necesitamos para tener el mando. Podemos educar nuestro pensamiento en el presente. En ello radica nuestra libertad individual.

No se engañe pensando que este es un descubrimiento de poca importancia. Es de una importancia inmensa porque ahora el único factor limitador de nuestras vidas es nuestro pensamiento presente, el cual incluye el uso intencionado de nuestra imaginación. Aquellos que comprendan totalmente el auténtico significado de esto se darán cuenta de que representa el mayor descubrimiento del hombre.

Debemos dar a nuestros pensamientos conscientes en el presente un valor inmenso, ya que determinan nuestros actos y en consecuencia las reacciones de los demás. A partir de este punto, nuestro futuro se resolverá por sí mismo.

15

Al mismo tiempo, hay un importante corolario a tener en cuenta en relación con este primer principio básico, y es que debemos aceptar toda la responsabilidad por todo lo que nos suceda en nuestras vidas. Puesto que controlamos nuestros pensamientos y nuestros actos, determinamos los resultados. Es la ley de causa y efecto. Buenos, malos, o indiferentes, esos resultados son consecuencia directa de nuestra conducta actual. Las leyes de la conducta humana y de la motivación conciernen a todos por igual, y nos han llevado a cada uno a nuestro actual nivel de éxito. Estamos hoy exactamente donde merecemos estar, y mañana estaremos en el mismo lugar a menos que decidamos que queremos estar en otro sitio. Lo importante en la vida no es dónde estamos o dónde hemos estado, sino a dónde nos dirigimos. ¿Refleja su actitud actual esta clase de pensamiento?

Asumir el mando es tener el control. Invariablemente, las personas que practican una conducta eficaz y que asumen la total responsabilidad de todos sus actos alcanzan las cimas del éxito en la vida.

Las personas con éxito creen que tienen el control de su propio destino y sólo dan reconocimiento mental a la posibilidad del éxito. Recuerde que lo que piense será, de modo que ¡empiece a pensar quién y qué desea ser! Aprenda «a ejercer su poder personal sobre su futuro. Esta capacidad es inherente a su propio ser.

Este libro está concebido para hacerle más consciente de los conceptos motivacionales y convencerle de la necesidad de una aproximación más sistemática al desarrollo personal. Le enseñará a ejercer su poder personal, en otras palabras, a utilizar su capacidad para influir en otras personas y acontecimientos de su vida y así satisfacer sus necesidades interiores.

De forma específica le enseñará:

- cómo controlar sus pensamientos y emociones
- cómo modificar su conducta para llegar a ser una persona más eficaz
- cómo utilizar el pensamiento racional y consciente en su beneficio
- cómo adquirir una actitud mental positiva y pensar positivamente
- cómo desarrollar autoestima y mejorar sus resultados
- cómo emplear su subconsciente creativa e intencionadamente
- cómo convertirse en la persona que desea ser
- cómo imaginar y crear su propio futuro libre de estrés
- cómo practicar las relaciones humanas con éxito en encuentros individuales
- cómo crear efectos «de proceso positivo» en sí mismo
- cómo programar su ordenador personal interno para obtener unos resultados óptimos
- cómo funcionar eficazmente en las cuatro áreas principales de la vida
- cómo adquirir automotivación mediante el esfuerzo consciente
- cómo estimular la mutua motivación entre otras personas dando el ejemplo apropiado
- cómo formular y alcanzar metas que a otros parecen imposibles
- cómo adquirir riqueza y poder personal en cooperación con otras personas
- cómo emplear la motivación y el poder personal como herramientas eficaces para obtener lo que desea de la vida

¡Ayúdese a sí mismo! Experimente la dinámica del autodescubrimiento, y deje al descubierto su potencial oculto. Entre en su futuro a través del control del pensamiento consciente en el presente, y enriquezca su vida con esta receta para el éxito personal.

El poder personal es natural y legítimo, y esencial para

obtener los máximos resultados en los terrenos personal y de la organización. Muchos piensan que el poder personal se encuentra en otra parte, fuera de su alcance, pero está por todas partes alrededor de usted, inherente en sus actividades de todos los días. Comienza con el control sobre sus pensamientos y sentimientos interiores, y termina con el estilo de poder o «personalidad» que usted decida adoptar. Sólo necesita comprender esto y actuar en consecuencia.

El único objetivo es vivir felizmente. Ello implica una vida dinámica, llena de alegría y paz interior, y libre de miedo y preocupaciones. Una vida dirigida hacia la finalidad fundamental de su existencia, es decir, la realización de su pleno potencial.

El crecimiento y el desarrollo personal son, en efecto, medios para un fin. La capacidad más importante que puede usted desarrollar es su actitud ante la vida, que empieza por cambiar su concepto de sí mismo en el contexto del mundo en general, y lo que cree que puede o no puede lograr durante el corto tiempo que estará usted aquí en el planeta Tierra.

UN RAYO DE ESPERANZA

Definición de un pesimista. La persona que espera lo peor en la vida fijándose en el diez por ciento que está mal, olvidando el noventa por ciento que está bien. **Definición de un optimista.** La persona que espera lo mejor en la vida y ve el lado bueno incluso en lo malo, dándose cuenta que tanto en la adversidad como en la oportunidad hay algo que ganar.

Todo depende de cómo se mire la vida. Los optimistas son sencillamente personas que han aprendido a educar sus actitudes mentales en su beneficio. Es una capacidad mental adquirida.

CAPÍTULO 1

CÓMO MOTIVARSE A SÍ MISMO

Este libro no tiene un fin. Sólo puede
ser utilizado como un principio.
El idealismo de este libro está dedicado
a los pensadores, soñadores y hacedores
progresistas; el futuro está en sus manos.
Si crees que puedes, puedes.
Si crees que no puedes, no puedes.

El Misterio de la Motivación

La motivación ha sido considerada durante mucho tiempo como un elemento vital para el total desarrollo del potencial humano. Sin embargo, nunca ha sido tan importante como en nuestra actual era de drásticos cambios sociales y tecnológicos, y del estrés que ello necesariamente produce.

Pocos temas hay tan fascinantes como la motivación positiva y estimulante, aunque sólo sea porque significa tantas cosas diferentes para personas diferentes. La mayoría de las personas desearían tenerla, pero no saben cómo hacer para adquirirla. Si estuviera disponible por kilos en la tienda de ultramarinos del barrio, la cola sería de varios kilómetros. Sin embargo, sólo la motivación positiva, comparada con la negativa, dará resultados productivos. La motivación posi-

19

tiva se centra en el deseo, mientras que la motivación negativa se centra en el miedo. Una es la antítesis de la otra.

En su obra fundamental, *Motivation and Personality* (Motivación y Personalidad), A.H. Maslow formula su ya famosa jerarquía de deseos y necesidades innatas del ser humano, y los divide en cinco categorías básicas: necesidades fisiológicas, seguridad, instinto social, satisfacción del ego, y autorrealización (Ver Figura 1). Maslow señala que la satisfacción de estas necesidades no es, por sí misma, motivación. La motivación es un impulso y un deseo interiores de la persona de obtener la satisfacción inmediatamente superior. Algunas de las personas más entregadas de la historia han sido aquellas que, con sus esfuerzos aquí en la tierra, estaban almacenando recompensas en el cielo; de modo que debe haber algo de verdad en su afirmación.

Las dos primeras necesidades «de bajo nivel» de Maslow, en la parte inferior de su pirámide, son suficientemente fáciles de comprender. Las personas desean de forma natural las necesidades básicas de la vida. Las tres necesidades «de alto nivel», en la parte superior, son necesidades relacionadas con el ego, y como tales, son mucho más complejas y difíciles de definir. En orden progresivo, incluyen reconocimiento, estatus, y oportunidades para demostrar triunfo, competencia, creatividad, y un cierto grado de autonomía personal.

Este libro no trata en detalle las dos necesidades de nivel inferior en el sentido de motivación, dando por supuesto que las necesidades básicas de la vida, como alimentos, abrigo, seguridad, y salud, están cubiertas para la mayoría de las personas. Más bien se concentra exclusivamente en las tres necesidades de nivel superior, que requieren un deseo sincero y continuo procedente del interior del individuo. Estos sentimientos autogenerados representan la suma de los valores, aspiraciones y sentido de la valía de una persona: su

FIGURA 1
QUÉ LE LLEVA A DESTACAR

Autorrealización
Triunfo, Competencia, Creatividad,
y un cierto Grado de Autonomía Personal

Necesidades del Ego
Reconocimiento, Orgullo,
Estatus, Aprecio, Éxito y Dignidad

Necesidades Sociales
Afiliación, Asociación, Aceptación,
Amistad y Amor

Necesidades de Seguridad
Estar libre de Miedo,
Protección contra el Peligro,
la Amenaza y la Privación

Necesidades Fisiológicas
Alimentos, Aire, Descanso, Sexo, Cobijo,
Otras Funciones Corporales, y Protección
contra los Elementos

**JERARQUÍA DE LAS NECESIDADES HUMANAS DE ABRAHAM
MASLOW**

ser persona. Este ser persona es de su propiedad personal y aparece como un todo.

La motivación debe ser enfocada en el sentido de cómo adquirir automotivación y de cómo motivar a los demás. Todos tenemos necesidades del ego innatas dentro de nosotros, pero no todos hemos adquirido la motivación o desarrollado las aptitudes necesarias para satisfacerlas con éxito. Sin embargo, tenemos ese poder y podemos otorgarnos a nosotros mismos el derecho a triunfar, desarrollando aptitudes tales como conocimiento, fe, determinación, y confianza. Por término medio, sólo un cinco por ciento aproximadamente de la población en general ha desarrollado aquello que se necesita para triunfar. Son los triunfadores automotivados: las personas que dirigen al noventa y cinco por ciento restante a quienes les gustaría triunfar, pero carecen de la motivación para lograrlo. Permítame que le pregunte, ¿ha conocido usted a alguna persona con éxito que no estuviera motivada?

Los individuos deben aprender primero a motivarse a sí mismos, antes de esperar poder motivar a otras personas. La motivación mútua es una cuestión de buenas relaciones humanas, comprensión, y de dar ejemplo; y es particularmente importante en una organización y en la vida familiar. Al mismo tiempo, aquellos que hagan un serio esfuerzo para comprender, ayudar, y motivar a los demás estarán más cerca de satisfacer sus propios egos y por tanto sus necesidades de autorrealización. Ayudando a otras personas a motivarse a sí mismas, usted recibe a cambio satisfacción. La capacidad para influir en los demás y ejercer poder personal de forma eficaz contribuyen ambas a la autoestima individual. Todo el mundo resulta beneficiado en una atmósfera de confianza mútua, apoyo, y respeto al individuo.

Este libro es una exposición realista que hace hincapié, no tanto en quién y qué es usted, porque esto es de hecho imposible de medir, sino en qué puede convertirse si realmente lo desea y está preparado para hacer un esfuerzo. Es un libro motivacional con una mezcla apropiada de motivación y substancia. La substancia es importante porque cuanto mejor comprendamos el cómo y el porqué de algo, más probable será que lo apliquemos con éxito a nuestras vidas. El mismo principio es aplicable a su modo particular de pensar.

Verá que todos los conceptos presentados representan simple sentido común y buen juicio. Es más, se dará cuenta de que ya está aplicando muchos de los principios en su vida diaria, a menudo de forma inconsciente y por la fuerza de la costumbre. En cierto modo le ayudan a salir del paso cada día. Sin embargo, empleándolos de forma consciente y más eficaz, y con una finalidad más sublime en mente, ¡empezará usted a disfrutar de la vida al máximo!

Las personas, generalmente, o avanzan en sus vidas, o se quedan atrás en ellas. El cambio, sin embargo, es constante, y las personas deben aprender también a cambiar si esperan adaptarse con éxito a un futuro impredecible. Sólo una parte muy pequeña de la población mundial puede decir que se ha aproximado a la autorrealización en su vida. ¿Alguna vez se ha preguntado usted por qué tan pocos? No es porque sea difícil. Sólo se necesita tomar la decisión de intentarlo y una gran cantidad de deseo sincero de que ocurra.

W. Clement Stone decidió su meta a edad temprana. Deseaba cambiar el mundo y hacerlo mejor para ésta y futuras generaciones. A este fin, canalizó todo su tiempo y esfuerzo en enseñar a otras personas algo que no se enseña en la escuela primaria, ni en la escuela secundaria, ni en la universidad: cómo motivarse a sí mismo y lograr metas que a otros parecen imposibles.

Este libro trata el tema de la motivación y el triunfo a través de unas buenas relaciones humanas de una forma práctica y única. Lo hace con el conocimiento de que la mayoría de las personas funcionan en tres círculos vitales:

1. su entorno familiar,
2. su entorno social, y
3. su entorno laboral.

En los tres están implicadas necesariamente otras personas. Claramente, estas personas y cómo se relacione usted con ellas son aspectos muy importantes.

Hay un cuarto círculo igualmente significativo que a menudo se pasa por alto, pero que tiene un efecto profundo en todos los demás. Es su yo interior. Usted se ha formado miles y miles de imágenes de sí mismo en su mente que representan cómo se «ve» usted a sí mismo en todos los aspectos de la vida diaria. De esta manera, usted define quién cree que es y lo que cree que puede o no puede lograr en su vida. Todas estas imágenes juntas representan la imagen que usted tiene de sí mismo. Esto es lo que le hace a usted único y distinto en este mundo, y al final, es lo que determina su nivel relativo de éxito.

Empezaremos estudiando qué pueden hacer los individuos por sí mismos para realizar cambios en su forma de pensar y en su conducta y ascender en la escala de las necesidades del ego humano que lleva en último término a la autorrealización. Una vez que los individuos hayan adquirido las aptitudes, la actitud, los rasgos de personalidad, y la motivación apropiada para ellos, pueden pasar a cosas mayores y mejores. Desafortunadamente, la mayoría de las personas no llegan tan lejos; sólo unos pocos alcanzan la cima. Si se da ese primer paso, sin embargo, hombres y mujeres individualmente poseerán una base sólida y segura, unos cimientos firmes, y unos sólidos muros sobre los que construir el tejado. ¡Ahora es cuando la diversión empieza realmente!

La siguiente fase es como un continuo viaje hacia las estrellas. Sencillamente consiste en emplear los extraordinarios poderes de su mente subconsciente para realizar las fantasías de su recién adquirido pensamiento positivo.

De lo que mucha gente no se da cuenta es de que estos asombrosos e innatos poderes mentales están ya en cada uno de nosotros, sin excepción, en alerta, listos y dispuestos a esforzarse en beneficio del individuo y de la sociedad en su conjunto.

Esto y mucho más está ahí con sólo pedirlo. Sabemos que el hombre y su mente están inexorablemente entrelazados con factores externos que no comprendemos totalmente. Derechos inalienables, valía personal innata, y asombrosos poderes mentales, todos han sido confiados a la raza humana por alguna fuerza espiritual o poder divino para alguna finalidad mayor.

En el momento del nacimiento, se nos da el mayor de todos los dones: la vida y la oportunidad de explorar las dimensiones de nuestro verdadero yo. Una cierta inteligencia divina está ya presente en nuestro subconsciente. Algo hizo que nuestro corazón empezase a latir y nuestros pulmones a respirar. Nuestro cuerpo sabe cómo funcionar, desarrollarse y crecer, cicatrizar heridas, y defenderse de la enfermedad. Además, todos estamos dotados de un ego y de la necesidad innata de satisfacer ese ego. Nacemos también con una mente abierta, dejando que con el tiempo nuestro entorno nos proporcione información para interpretarla y utilizarla, y formar nuestras propias opiniones, creencias, y aspiraciones personales.

Algunos libros sobre pensamiento positivo aconsejan a los lectores hacer frente de la mejor forma que puedan a los muchos problemas y retos de la vida, «pasar» de aquellos con los que no puedan, y simplemente tener fe en Dios. En efecto, algunos de los misterios de la vida parecen estar más allá de la comprensión humana, mientras que la mayoría de los problemas de la vida no lo están. En estos casos, es necesario que tomemos la iniciativa, y que respondamos nosotros mismos activa y firmemente, ya que los muchos poderes de nuestro Creador también están innatos en nosotros.

Teniendo fe en nosotros mismos y en nuestras aptitudes, podemos encontrar soluciones a los problemas de la vida diaria utilizando nuestra propia capacidad de pensar. Como Ann Rand comentaba en su famoso libro *The Fountainhead* (El Manantial), «Nacemos desarmados. Nuestra mente es nuestra única arma». Las personas pueden hacer cualquier cosa que se propongan. Tenemos un potencial ilimitado, si encontramos la manera de liberar el poder que se encuentra en estado latente en cada uno de nosotros.

Usted debe decidir por sí mismo si está de acuerdo con esta afirmación y elegir el sentido que desea darle. El propio Benjamin Franklin promovió esta filosofía con su afirmación, «No hay problema que no pueda resolverse con un bloc de papel, una pluma, y un poco de imaginación».

No es necesario que nadie adopte los problemas del mundo como suyos propios. Pero cada uno de nosotros debe contribuir, según su capacidad, a hacer de este mundo un lugar mejor del que nos encontramos. Sean cuales sean los principios religiosos de una persona, los principios y conceptos que se describirán aquí han demostrado ser válidos en países democráticos, donde la gente cree en el individuo y sus derechos, y en que éstos tienen primacía sobre los del estado. En el mundo occidental, las personas son libres para decidir por sí mismas lo que desean hacer con sus vidas. ¡Todos somos libres para ejercer nuestra libre voluntad!

Observará que ciertas ideas y conceptos se repiten varias veces en el texto. Ello está hecho con la esperanza de que su simplicidad y significado serán mejor valorados y comprendidos por el lector en el contexto total de la hipótesis del libro: Hay diez principios básicos de la motivación basados en una conducta positiva asertiva. Adquiriéndolos, usted adquiere motivación en sí mismo.

Un principio es una verdad fundamental, una ley, una doctrina, o una fuerza motivadora en la que se basan otras. Es necesario que diferenciemos entre una ley de la sociedad, hecha por el hombre, que puede infringirse: por ejemplo, no robarás, y una ley de la naturaleza que, seamos o no conscientes de ella, creamos o no en ella, la aceptemos o no, se cumplirá: por ejemplo, el agua hierve a 100 grados centígrados. La leyes que rigen la conducta y la motivación humanas son leyes de la naturaleza y nos han llevado a cada uno de nosotros a nuestro actual nivel de éxito, intencionadamente o no, seamos o no conscientes de ellas, creamos en ellas o no, las aceptemos o no.

Si uno salta desde un edificio alto, por ejemplo, no puede ir más que hacia abajo. Del mismo modo, cuando adquirimos motivación y poder personal, ¡no cabe otra posibilidad que ir hacia arriba! Ambas son leyes de la naturaleza.

En efecto, un estudio de las ciencias naturales demuestra que hay un orden divino en todos los aspectos de la vida. Ello incluye las leyes de la física, la química, y la astronomía. Por ejemplo, las leyes del universo, una vez conocidas, permitieron al hombre enviar una nave espacial a la luna con tal precisión que el aterrizaje deseado fue pronosticado en una fracción de segundo del programa total del proyecto. Las palabras clave aquí son *una vez conocidas.*

Por cuestiones prácticas, definiremos e intentaremos comprender la motivación basándonos en la siguiente definición:

> *La motivación resulta cuando un estado interior de inquietud es deliberadamente dirigido hacia un estado externo de satisfacción por una gran cantidad de deseo sincero.*

Es una especie de «levántate y anda» personal. La motivación le proporcionará *poder personal;* en otras palabras, la capacidad de satisfacer sus necesidades y deseos interiores en cooperación con otras personas. El poder personal aspira a servir a los demás, y no es una experiencia del ego a expensas de los demás. El objetivo es maximizar su autoestima dando como resultado satisfacción y paz interior.

La motivación es una emoción, y como tal no puede obtenerse mediante fuerza de voluntad. Literalmente, es «motivo en acción». La motivación positiva está íntimamente unida al deseo, el cual a su vez está unido a una meta o recompensa externa. Resulta de un acto consciente de aspirar a algo que nos interesa y cuyo logro satisface una necesidad interior. Tal motivación provoca una acción encaminada a su consecución, más que una dilación o una mera contemplación. La motivación positiva es el catalizador que favorece la persistencia, la determinación y la concentración del esfuerzo. Es la base de toda conducta humana constructiva y de todo logro, ya que todo lo que hace un individuo, sea positivo o negativo, intencionado o no intencionado, es el resultado de su motivación.

Los Diez Principios de la Motivación

Aquí están, pues, los diez pasos progresivos a seguir para adquirir motivación positiva y estimulante:

1. una imagen de sí mismo positiva
2. percepción positiva de los acontecimientos externos
3. una actitud mental positiva
4. pensamiento positivo
5. conducta positiva asertiva
6. técnicas de encuentros individuales eficaces
7. compromiso personal
8. fe incuestionable en uno mismo
9. uso creativo de la mente subconsciente
10. intenso y sincero deseo de triunfar en cooperación con otras personas

El Poder de Vencer describe la adquisición de estos principios como un proceso y una constante en la vida real, de ahí que sean tratados de la misma manera en el texto. Mientras lea los capítulos que siguen, observe su presencia y cómo todos tienen su papel, todos contribuyen a la motivación personal y a conseguir un nivel más elevado de triunfo personal.

Y ahora, ¡pongámonos en marcha! Ajuste sus dispositivos mentales. Encienda sus motores y ascienda por el triángulo de Maslow. Elija su camino hacia la paz interior ahora que conoce las etapas del mismo. Su vehículo tiene diez marchas hacia adelante y ninguna hacia atrás. Tiene que pasar por las diez antes de ir en directa. Nunca debe viajar por la carretera de la vida con su vehículo en punto muerto.

Aquello que usted piense sucederá. Los diez principios de la motivación representan pensamientos y sentimientos que reflejan las actitudes de su mente. Juntos representan un patrón de conducta que usted puede controlar. Producirán un efecto de «personalidad +» en usted y multiplicarán su éxito y su factor de eficacia varias veces. La integración catalizadora de estos poderosos pensamientos y sentimientos en forma de actividades específicas ha sido llamado efecto sinergético de «proceso positivo» por Jack McQuaig en su libro de reflexión *Synergy and the Power of Personal Proficiency*. Han ayudado a otros y pueden ayudarle a usted a crear el tipo de futuro que desea. Deliberadamente o no, sus pensamientos y actos de cada día crean su mundo.

Conceptualmente, su capacidad para triunfar en la vida (S) es directamente proporcional a su natural potencial innato para el éxito (P) multiplicado por su factor de motivación personal (M). En otras palabras, el grado de éxito que consiga en una búsqueda particular cualquiera depende de la cantidad de motivación personal que adquiera. Todos la tenemos en alguna cantidad; el objetivo es tener mucha.

Sabemos que todos los triunfadores tienen un alto grado de automotivación.

Por supuesto, algunas personas están más dotadas que otras. Pero el éxito sólo puede ser relativo a aquello con lo que empezamos. La mayoría de nosotros empleamos menos de un cinco por ciento de nuestro natural potencial innato, así que nos queda un largo camino por recorrer.

Como ecuación, su factor de éxito $S = P \times M$, donde P incluye su inteligencia preprogramada y M representa el impulso personal y el deseo de triunfar que resulta cuando usted adquiere los diez principios de la motivación.

Todos hemos nacido con una mente poderosa que nos permite pensar, funcionar, y crecer. Además, estamos dotados de aptitudes innatas que podemos utilizar y explotar con el fin de alcanzar cualquier cima que elijamos por nosotros mismos. La mayoría de la gente subestima enormemente su auténtico potencial e infrautiliza sus aptitudes naturales.

El aspecto importante a tener en cuenta sobre su factor de motivación personal es que si cualquiera de los diez ingredientes esenciales o principios de motivación de la lista anterior falta o es defectuoso, usted no triunfará a largo plazo. Las rachas no son la base sobre la que se construyen las empresas de éxito, incluida la aventura de la vida. Son necesarios los diez ingredientes para triunfar de verdad.

Esta fórmula del éxito ilustra gráficamente el hecho de que su éxito relativo en la vida está bajo su control porque depende totalmente de los atributos internos con los que usted ha nacido o que puede desarrollar mediante el esfuerzo consciente.

Aquello de lo que fue dotado en el nacimiento, y que representa su natural potencial innato, está básicamente completo, mientras que los diez principios de la motivación son sus pensamientos y sentimientos internos sobre sí mismo y su entorno, que usted puede cambiar o aumentar. Debe usted hacer cambios en sí mismo y en su estilo de vida que sean beneficiosos para usted, si no se verá forzado a aceptar cambios que no lo sean. Algunas personas perciben el cambio, incluso de actitud, como algo doloroso; pero no olvide que permanecer donde uno está también es doloroso, aunque uno se haya acostumbrado. Para triunfar en la vida no hay que hacer un esfuerzo mayor del que hay que hacer para soportar el fracaso repetido.

Debe usted meditar sobre cómo modificar y aumentar su estructura básica de la realidad, porque ingredientes destructivos o ausentes no harán sino bloquearle el camino hacia el éxito. Los capítulos siguientes le enseñarán cómo. Examine la lista de los diez principios de la motivación por segunda vez. Todos conocemos personas que poseen una inteligencia y capacidades básicas, y que han adquirido conocimientos especializados, técnicas, y algunos elementos motivacionales. Descubrirá, sin embargo, que las personas que triunfan verdaderamente tienen los diez principios de la motivación bien asentados, y los aplican todos los días de sus vidas en su trato con otras personas. No debe sorprenderle que tal motivación y preocupación por los demás sobresalga en un mundo lleno de abatimiento y desesperación.

El conocimiento colectivo del hombre se duplica ahora cada cinco años aproximadamente. Desafortunadamente, mientras nuestros conocimientos aumentan a este fantástico ritmo, la capacidad del hombre para «intelectualizar» su camino hacia la paz interior no lo hace. Y sin embargo, este poder personal está a nuestro alcance y disponible con sólo pedirlo. ¿No es extraño que nadie le haya dicho esto antes? Ahora que sabe que puede tenerlo, ¿está usted lo suficientemente interesado para buscarlo por sí mismo?

Los vencedores en la vida son personas que han desarrollado una automotivación intensa, positiva y estimulante. Se dan cuenta de que sus resultados son coherentes con sus actuales pensamientos dominantes, de modo que se concentran sólo en ganar y esperan absolutamente triunfar. La búsqueda de la excelencia está en conocer los secretos del éxito.

Somos Dueños de Nuestro Destino

¡Los poderes de nuestro creador están innatos en todos nosotros!

Cuando nos enfrentamos a situaciones imposibles, sólo tenemos que adoptar una respuesta asertiva y activa. Debemos tener fe en nosotros mismos y en nuestras naturales aptitudes innatas, y emplear el pensamiento positivo para encontrar soluciones a los problemas de la vida.

Cuando ponderamos nuestras posibilidades activa y conscientemente, nuestro subconsciente crea automáticamente las soluciones. ¡Nuestra fe activa el proceso!

CAPÍTULO 2

CONDUCTA POSITIVA ASERTIVA: LA CLAVE PARA UNA VIDA FELIZ

*Uno de los auténticos desafíos y esperanzas
de la vida es crear y esperar con ilusión
la etapa siguiente del desarrollo personal.*

*Cada uno de nosotros está hoy exactamente
en el lugar al que nos ha llevado la suma de
todos nuestros pensamientos y actos.*

*La forma más rápida y más eficaz
de adquirir un atributo o capacidad es
¡actuar como si ya lo tuviéramos!*

Conducta Positiva Asertiva

Todo tiene un comienzo. En el desarrollo personal, ¡empezar lo es todo! Este libro comienza describiendo con cierto detalle cómo se pueden desarrollar dentro de uno mismo rasgos de personalidad positiva asertiva mediante un sencillo programa de desarrollo personal, y cómo se pueden aplicar estas nuevas técnicas y actitudes mentales de forma eficaz conjuntamente con principios básicos de relaciones humanas.

También explica cómo aprovechar los divinos poderes creativos del subconsciente mediante el esfuerzo consciente y la planificación para alcanzar nuevas cotas de éxito personal.

Verá cómo las personas positivas asertivas tienen más probabilidades de tener encuentros individuales útiles y satisfactorios, así como de explotar los poderes de su subconsciente en beneficio propio, de su familia, amigos, socios, y de la sociedad en su conjunto.

Los términos *positivo* y *asertivo* son complementarios. *Positivo* significa afirmación constructiva, y *asertivo* significa declaración activa.

Positivo y *posible* también son complementarios en el sentido de que *posible* significa capaz de existir y *positivo* implica confianza y certeza de que así sea. De ahí, una actitud positiva implica confianza en otras posibilidades. Pensamiento positivo es otra manera de decir fe.

La aserción es simplemente el acto de declararse uno mismo a los demás: quién soy, qué pienso, cómo siento. Es característica de un enfoque de la vida más activo que pasivo. Hacemos que las cosas sucedan cuando actuamos, más que cuando simplemente reaccionamos. De esta forma, aumentamos la previsibilidad y ejercemos mayor control sobre nuestro futuro.

La conducta positiva asertiva es evidente en una comunicación personal abierta, directa y honesta. Demuestra que uno está dispuesto a hacer valer sus derechos en las circunstancias apropiadas y de la forma apropiada, mientras al mismo tiempo reconoce y respeta los derechos de los demás.

Aspira a una relación del tipo «si tu ganas, yo gano» en encuentros individuales con otras personas; muestra incluso una disposición a dar más de lo que uno reciba.

Sin embargo, debe usted considerar detenidamente cómo desarrollar y aplicar las técnicas asertivas apropiadas. Las personas positivas y ambiciosas pueden tener tendencia a pecar de agresivas. Recuerde también que ser asertivo sin ser positivo es nefasto. El objetivo es una confianza discreta y serena combinada con un intenso sentido de la conciencia, sensibilidad, y sentido práctico.

En cualquier situación, debe usted ser objetivo y sensible a las reacciones de los demás, pero a la vez considerar todas las posibilidades. Una vez que haya decidido la línea de actuación apropiada, debe planificar por adelantado todos los detalles para llevar a cabo su plan. Luego hágalo abiertamente, honestamente, y con tacto y sentido del humor. Crea en sí mismo y en su criterio al mismo tiempo que muestra respeto por los demás. Coloque a las personas antes que al problema en su lista de prioridades.

Después de cada iniciativa o respuesta que lleve a cabo, tómese algún tiempo para meditar sobre la decisión que tomó y cómo la puso en práctica a la vista de los resultados que haya obtenido. Si metió la pata, admítalo, y resuelva hacerlo mejor la próxima vez.

Es importante mantener las ideas descritas en este libro en perspectiva. No son ni pueden ser una panacea para todos los problemas y dificultades con los que se enfrentan las personas y que desean resolver. No hay una solución perfecta o «cura para todo», incluido el fracaso en las relaciones humanas. No crea que simplemente con tener una actitud positiva y asertiva todo irá bien. No es así. De hecho, usted puede pensar que ya ha desarrollado una actitud positiva asertiva, pero puede que en realidad no sea así.

Los conceptos de este libro proporcionan un marco sólido y práctico: un punto de referencia para empezar de nuevo. Tiene usted que empezar en algún sitio y necesita una forma de medir su progreso. Un modelo o imagen de una persona que practique técnicas de relaciones humanas fructuosas lo hará por usted.

Modelo de Conducta Apropiada a Imitar

Ahora describiremos con cierto detalle un modelo de conducta humana en particular que es apropiado teniendo en cuenta las necesidades y aspiraciones humanas. Las personas desean tener unas relaciones humanas fructuosas que a su vez conduzcan a la satisfacción de varias necesidades del ego, incluida la autorrealización.

El modelo conductista elegido es el de una persona positiva asertiva con rasgos de personalidad, cualidades, y aptitudes específicos compatibles con necesidades «ganadoras».

Las personas deben juzgar por sí mismas qué aspectos de este modelo consideran apropiados y compatibles con sus sistemas de valores personales y con sus aspiraciones en la vida. El modelo descrito le ofrece sólo un «por ejemplo»: una oportunidad para meditar sobre qué tipo de persona desea usted llegar a ser. También le ofrecemos consejos sobre cómo realizar cambios en sí mismo que usted considere que merecen el esfuerzo.

Personas Positivas Asertivas

La expresión *conducta positiva asertiva* denota personas que han desarrollado una actitud mental positiva mediante una percepción positiva de la vida. Son personas motivadas por el amor en sus relaciones con los demás, que practican la relación «si tu ganas, yo gano» en el sentido más caritativo: Están dispuestas a dar de sí mismas en todo momento, no esperando nada a cambio, en la indefectible esperanza de que en algún momento del futuro serán recompensadas con creces.

Afirman su independencia y sentido del juego limpio manteniendo una mente abierta en todas las cuestiones y reservándose el juicio hasta haber sopesado y considerado todos los aspectos relevantes. Defienden sus creencias y afirman su imagen positiva de sí mismos y sus opiniones sobre la vida en todo aquello que dicen y hacen. Aceptan y crean desafíos en su vida familiar, social y laboral, y aceptan la total responsabilidad de todos sus pensamientos y actos. Dan valor a todo y buscan lo bueno en todas partes. Son capaces de asumir el mando porque tienen el control de sus actos y de sus emociones. Amplían el área de lo posible, las aptitudes de su mente, y creen en la capacidad de los seres humanos para reformar el mundo. Reconocen las contribuciones de los demás y dan gracias al Creador por sus bendiciones.

Las personas motivadas por el amor se dan cuenta de que es importante ser rico en confianza y en satisfacción personal y tener un sentido de servicio a los demás. A menudo buscan el triunfo en sí mismo en cooperación con otros, y esta meta no tiene en absoluto ninguna relación con el hecho de ser rico en el sentido monetario. De hecho, las investigaciones muestran que ganar dinero no es un objetivo prioritario para los individuos orientados hacia el triunfo. Sin embargo, ¡a menudo se considera una buena forma de llevar la cuenta!

Las obras sobre motivación a menudo adolecen de la jerga profesional que psicólogos y expertos en orientación emplean en su intento de ser explícitos. Los principios de la motivación, sin embargo, pueden ser expuestos en un lenguaje sencillo y corriente, y los conceptos sobre las relaciones humanas en términos familiares y cotidianos. Ese es el enfoque de este libro.

Temas como el concepto que uno tiene de sí mismo, la humanidad, y la esencia del hombre merecen una reflexión intelectual profunda. Este libro intenta tratar cuestiones filosóficas similares estudiando y analizando la conducta de los propios individuos, incluyendo la imagen que tienen de sí mismos, su actitud mental, y sus relaciones con otras personas.

Muchos grandes pensadores de la historia han descubierto que cuando seguían el camino hacia el sentido de la vida, éste les conducía directamente de vuelta a sí mismos. Su viaje, por tanto, terminaba donde empezó; así que ahí es donde nos proponemos empezar.

Siga un Curso

Esto es lo que puede suceder si se inscribe usted en un curso de mejora de la personalidad:

Después de un curso de tres días, se le dio a cada participante un tema para que realizara sobre él una disertación de diez minutos ante el conjunto del grupo. Como Jack estaba recién casado, se sintió un poco incómodo ante la idea de decirle a su mujer que su tema era el sexo, así que le dijo que era la vela.

Al día siguiente, la mujer de Jack se encontró con algunos de sus compañeros de clase y les preguntó qué tal lo había hecho su marido. Todos dijeron que Jack había estado absolutamente fantástico. Ella respondió que no sabía cómo podía haberlo estado: ¡la primera vez que lo hizo se mareó, y la segunda se le voló el sombrero!

Las personas positivas asertivas se concentran en divertirse, ¡incluso si se equivocan de acontecimiento de vez en cuando!

CAPÍTULO 3

CÓMO CREAR ECUACIONES HUMANAS DE «PROCESO POSITIVO»

*Podemos obtener más de un proceso
que la suma de los ingredientes que pusimos en él,
debido al efecto sinergético de su integración.*

*El éxito es en realidad una meta altruista,
porque es imposible triunfar
sin ayudar con ello a otras personas.*

*Sólo podemos relacionarnos con otras
personas de una en una.*

La Ecuación del Encuentro

Cuando deseamos influir en otras personas, conseguir que otros hagan aquello que nosotros deseamos que hagan, tenemos que motivar, dirigir, vender, o persuadir. Por supuesto, nuestro objetivo sólo puede lograrse con la colaboración de otras personas, y éstas naturalmente esperarán algo a cambio. Hay un bien probado principio, aplicable a todas las relaciones humanas, dirigido a conseguir que otras personas nos ayuden a triunfar:

Primero da a los demás lo que ellos desean, y ellos te darán a cambio lo que tú deseas

La palabra clave es *primero*. Hemos mencionado brevemente también la ecuación del encuentro, «si tú ganas, yo gano». Es un concepto central en cualquier discusión sobre relaciones humanas porque describe lo que puede ocurrir cuando nos encontramos con otra persona cara a cara.

Todos podemos ganar en la vida si practicamos unas buenas relaciones humanas con otras personas individualmente. Es una ley de la naturaleza. Como afirma Les Giblin en su excelente libro *How You Can Have Confidence and Power*, «Las personas actúan, o no actúan, en gran medida para acrecentar sus propios egos». Por tanto, si las necesidades de mi ego deben ser satisfechas, debo darme cuenta de que primero tengo que satisfacer las necesidades de tu ego. Identifíquese con la otra persona y trátela de la misma forma que usted desearía ser tratado. Si coloca el dar en primer lugar, descubrirá que el recibir se resolverá por sí mismo. Es una actitud mental que sólo necesita desarrollar y aplicar en sus encuentros diarios.

En cualquier encuentro, otra persona puede percibir rápidamente si usted tiene en mente el interés de ella o el suyo propio. Una actitud «de servicio» comunicará su deseo de respetar el punto de vista de la otra persona. Cortesía, elogio, empatía, buena voluntad, respeto: todos las poseemos en cantidades ilimitadas para dar.

«Tú ganas es igual a yo gano» también representa una declaración positiva y asertiva que dos personas seguras de sí mismas y bienintencionadas pueden hacerse la una a la otra. Describe una relación en términos claros y concisos. Busca una respuesta en términos de igualdad, reconociendo las necesidades y derechos de ambas partes. Adicionalmente, es una ecuación simple para un concepto relativamente sencillo. La tragedia es que la mayoría de nosotros no hemos

40

prestado a las relaciones humanas la debida atención durante la mayor parte de nuestras vidas, especialmente en las relaciones individuales.

La ecuación del encuentro es tan elemental que es fácil considerar exagerada su importancia y relevancia para unas buenas relaciones humanas. Es interesante observar que algunas personas se han pasado toda una vida y han ganado una fortuna haciendo cosas corrientes extraordinariamente bien. Si se acuerda de aplicar esta sencilla ecuación en sus encuentros de cada día, y hace esta cosa corriente extraordinariamente bien, estará en el buen camino para disfrutar de unas buenas relaciones humanas.

Para ilustrar este punto, imagine a una conferenciante que está a punto de dirigirse a un pequeño grupo. Intencionadamente empieza su charla sonriendo a la audiencia, y con ello, invitando a los presentes a devolverle la sonrisa. Después, pide a los miembros de la audiencia que se presenten a la persona que tengan a su derecha y a su izquierda. Ella procede a presentarse diciendo su nombre, y pide a la audiencia que se presenten a su vez diciéndole sus nombres en voz alta, todos a la vez.

La conferenciante, empezando de esta manera, logra dos cosas importantes:

1. Sonreír y recibir una sonrisa ha permitido a la audiencia relajarse y adoptar una mente abierta.
2. Presentarse unos a otros ha ayudado a la audiencia a abrirse y a adoptar una actitud amistosa.

La presentación hecha de forma colectiva, todos gritando, demuestra que las personas pueden relacionarse unas con otras sólo de una en una. La conferenciante no escuchó ni siquiera un sólo nombre con claridad entre el ruido y la confusión que se creó, y no se logró nada productivo.

De la ecuación del encuentro es también posible decir que «si tú ganas y yo gano, todos ganan». En otras palabras, si tú y yo ganamos en nuestra relación, otras personas además de nosotros, ganarán con ello, es decir, nuestras familias, amigos, socios, organizaciones, y sociedad en su conjunto.

Cuando dos personas se sienten bien en una relación, aquellos que les rodean sienten los efectos, y reciben un poco de esa buena sensación. Después de todo, son los tú y los yo que constituyen todas las familias y organizaciones los que forman este mundo y nuestra sociedad tal y como la conocemos.

Si compara la ecuación «tú ganas + yo gano = todos ganan» con $2 + 2 = 4$, sencillamente no es comparable. Se parece más a ¡$2 + 2 = 7$! En estas dos ecuaciones, por tanto, el total es mayor que la suma de sus partes constituyentes. Son lo que se llama ecuaciones de «proceso positivo».

Para ilustrar este punto, considere el vino y el queso como ingredientes puestos juntos. Puede que sea una analogía burda, pero ayuda a demostrar el concepto. Algunos dirán que vino más queso es igual a vino más queso, pero una persona más observadora diría que vino más queso es igual a ¡una fiesta! Por supuesto, la fiesta incluye el vino y el queso, pero también produce otros resultados. ¿Ha escuchado alguna vez el nivel del ruido y observado las expresiones faciales y el leguaje corporal de las personas en una buena fiesta de vino y queso? Tal fiesta produce intrínsecamente excitación y energía, una especie de explosión de entusiasmo y buenas sensaciones autogeneradas.

Claramente, de un proceso puede obtenerse algo más que los ingredientes que se pusieron en él, debido al efecto sinergético de su integración. Las actividades complementarias tienen necesariamente un efecto sinergético unas sobre otras.

Este fenómeno es bien conocido para físicos y químicos. Dos hombres juntos pueden arrastrar un peso mucho mayor que el total de lo que pueden arrastrar cada uno individualmente. Igualmente, dos líquidos introducidos en una botella pueden adquirir un volumen significativamente mayor que el volumen total de los líquidos individualmente.

Este mismo efecto sinergético tiene lugar cuando nos relacionamos con éxito con otras personas individualmente. Las buenas relaciones humanas deben comenzar en este primer escalón básico, porque las personas sólo pueden relacionarse con otras de una en una. La buena voluntad es el catalizador y la sinergia el resultado.

Desgraciadamente, la mayoría de las personas están demasiado preocupadas con sus propias necesidades a nivel subconsciente para prestar la atención apropiada a las necesidades de otras personas a nivel consciente durante un encuentro. Sin embargo, si recuerda y tiene en cuenta este hecho, adquirirá el hábito de conceder más prioridad a cada encuentro individual que tenga cada día, y menos prioridad al problema o razón real del encuentro. En otras palabras, no se concentre en el problema en detrimento de la persona, y no deje que ideas preconcebidas sobre la persona afecten a su conducta. Dos personas pueden concentrarse mejor en el problema en una atmósfera de comprensión y respeto mutuo.

Por supuesto, no puede, y no debe, esperar «ganar» todos y cada uno de los encuentros en términos de relaciones humanas (tenga en cuenta que el problema que da lugar al encuentro es una cuestión aparte). Sólo dése cuenta de antemano de cuáles son los factores de causa y efecto en cualquier relación personal y de que las nuevas relaciones se definirán de forma considerable en los primeros dos o tres minutos.

Debe usted asumir la carga de la responsabilidad por el éxito de todos y cada uno de los encuentros, sea usted o no el iniciador o receptor del acontecimiento. Sólo de esta forma puede estar seguro de influir en los resultados de una forma positiva y potencialmente beneficiosa para usted.

Si modifica, por tanto, su conducta teniendo en cuenta esta nueva realidad, sus encuentros diarios se convertirán en sus días de éxito, sus días de éxito se convertirán en sus semanas de éxito, sus semanas de éxito se convertirán en sus meses de éxito, y así sucesivamente. Todo depende de su actitud mental. Ahora tiene usted un mayor control sobre sus circunstancias y sobre su vida diaria. Y si todos practican el «si tú ganas, yo gano» en el curso de sus encuentros diarios, entonces todos ganarán. Todos debemos vivir el presente, y relacionarnos con otras personas consume una gran cantidad de nuestro tiempo presente. De hecho, la mayoría de la gente pasa al menos un sesenta por ciento de cada día relacionándose con otras personas de una forma u otra, por una u otra razón.

Una vez que haya aprendido cómo crear este sencillo «proceso positivo» en sus relaciones con los demás, aprenderá también a crear muchos otros efectos de «proceso positivo» en usted mismo. Éste es el mágico poder de la motivación positiva en acción. Combine unos rasgos de personalidad positiva asertiva con más conocimientos, una incuestionable convicción, y un ardiente deseo, y ¡será capaz de alcanzar, literalmente, sus sueños imposibles!

Los principios básicos de las relaciones humanas son bien conocidos. Aquí hemos intentado relacionarlos con la teoría motivacional de una forma original y refrescante. Sin embargo, sólo el individuo puede determinar su valor aplicando los principios y juzgando los resultados. Atrévase a intentarlo, atrévase a creer en sí mismo, y ¡atrévase a soñar! Como poco, aprenderá algo más sobre de dónde procede su energía así como a gustarse a sí mismo un poco más.

De hecho, el éxito es en realidad un objetivo altruista porque es imposible tener éxito sin ayudar a otras personas. Es una condición necesaria y suficiente. Ambas personas, en cualquier encuentro, deben quedar satisfechas si cualquiera de las dos ha de ganar en términos de relaciones humanas.

Todas las personas son exactamente iguales a usted. Tienen las mismas necesidades y aspiran a las mismas recompensas que usted. De modo que dé mientras toma y tome mientras da, e intercambie necesidades y recompensas de forma justa y equitativa con mútuo respeto. ¡Ponga en práctica el «tu ganas = yo gano»!

Cómo crear situaciones en las que todos ganan

1. Abra su mente mediante el esfuerzo y el pensamiento consciente. Imagínese abriendo las puertas metálicas de hierro de su mente más y más. Al igual que un dispositivo eléctrico para abrir la puerta del garaje, una vez programado apropiadamente, esto se convertirá en un impulso automático y en un hábito llevado a cabo de forma inconsciente por su subconsciente.

2. Utilice su mente abierta para escuchar a otras personas de forma más eficaz. Recuerde que otras personas tienen cosas interesantes que decir. Muestre de esta forma respeto por los demás y por sus opiniones, y aprenda así más sobre ellos.

3. Transfórmese conscientemente en una persona más positiva y asertiva pensando y actuando de forma más positiva y asertiva en todo momento.

4. Emplee la fórmula del éxito de «compartir necesidades» en sus relaciones con otras personas cada dia. ¡Cuando la gente practica los encuentros individuales con éxito, todos ganan!

CAPÍTULO 4

LAS NECESIDADES DE SU «EGO» SON SUS RECOMPENSAS

¡Usted es mejor de lo que cree!

*Ponderar consciente y activamente
nuestras posibilidades, automáticamente
activa nuestra mente subconsciente
para crear las soluciones.*

*Debe usted ser positivo y asertivo
consigo mismo antes de poder
serlo con los demás.*

Sus Necesidades Son Sus Recompensas

Hemos explicado cómo una vez que las necesidades básicas, tales como alimento, cobijo, y seguridad han sido satisfechas, las personas sanas luchan instintivamente por objetivos relacionados con el ego, según la bien conocida jerarquía de las necesidades humanas de Maslow. El ego puede definirse como una tendencia innata y asertiva de los seres humanos hacia la paz interior. Las necesidades relacionadas con el ego dominan las relaciones entre personas positivas asertivas. A continuación hay una lista de algunas de las recompensas relacionadas con el ego que personas y organizaciones pueden «ganar» como resultado de unas buenas relaciones humanas. Concentrarse en estas recompen-

sas le ayudará a superar cualquier obstáculo que bloquee
su camino hacia el triunfo:

EL INDIVIDUO	LA ORGANIZACIÓN
paz interior	paz interior
orgullo	mejores relaciones de personal
confianza	menos movimiento de personal
reconocimiento	menor absentismo
respeto	mejor calidad de producto
felicidad	mejor planificación
entusiasmo	mayor productividad
autoestima	mayores beneficios
éxito	éxito

Todos tenemos necesidades del ego innatas dentro de
nosotros, pero debemos adquirir la motivación y desarrollar
las técnicas necesarias para satisfacerlas con éxito. Adoptar
nuevas actitudes mentales es una técnica mental adquirida.

Tómese tiempo para pensar

La gente habla de «alimento para el pensamiento» cuando
es más apropiado hablar de «imágenes para el pensamiento».
Aunque somos lo que comemos, el hecho de que «somos lo
que pensamos» es de mayor interés para muchos. Sabemos
que las personas piensan en imágenes y no en palabras; y
pueden llegar a ser lo que imaginan, ¡lo cual es probablemente más divertido que convertirse en un perrito caliente
con salsa andante!

Sabemos que las personas piensan en imágenes porque
durante miles y miles de años el hombre primitivo comunicó
sus ideas y experiencias a otros haciendo dibujos en la are-
na y en las paredes de su gruta. Por tanto, las imágenes
permanecen. A menudo, por ejemplo, recordamos la cara de
alguien, pero no podemos recordar su nombre. Esto es así
porque los nervios que van del ojo al cerebro son veinticinco

veces más largos que los que van del oído al cerebro. Los seres humanos han creado letras y lenguajes para simbolizar esos dibujos sólo muy recientemente en términos históricos, y nuestras mentes todavía tienen que adaptarse a este relativamente reciente avance. Con la evolución nuestras mentes probablemente se adaptarán; pero mientras tanto, debe recordar que usted piensa e imagina sólo en imágenes, y no en palabras.

Debería considerar el hacerse a sí mismo dos preguntas:

1. ¿Es mi vida hoy lo que quiero que sea?

2. ¿Qué puedo esperar conseguir en los varios aspectos de la vida: mentalmente, físicamente, profesionalmente, finacieramente, y socialmente?

Piense en ello mientras lee este libro, y recuerde que la única diferencia entre usted y los triunfadores es que ellos tienen sueños, a menudo grandes sueños, y están decididos a lograrlos. Visualizan sus sueños y la realización de sus sueños todos y cada uno de los días de sus vidas.

Todos nos damos cuenta, en lo más profundo de nuestro ser, de que somos mejores de lo que nuestro actual nivel de resultados demuestra. Esta verdad interior debería ser en sí misma incentivo suficiente para que usted empiece a dar los pasos necesarios para sacar el máximo partido a todo su potencial.

¿Qué Constituye Su Personalidad?

La forma en que cada persona ejerce el poder personal en su vida es una cuestión totalmente personal e individual. Generalmente, la personalidad es la opinión general del mundo exterior sobre la forma en que una persona en particular utiliza su poder personal para pensar, actuar, y lograr sus objetivos en la vida.

Las personas eficaces deben tener personalidades eficaces. La *personalidad* se define como las cualidades y patrones habituales de conducta de un individuo expresados por actividades físicas y mentales y por actitudes mentales.

Nuestra personalidad es simplemente la expresión exterior de nuestras actitudes interiores y creencias. Nuestra conducta es sencillamente nuestras actitudes en acción. De hecho, nuestras actitudes son nuestro auténtico yo, y funcionamos basándonos en ellas un 99,99 por ciento del tiempo. Todas las actitudes son una función de nuestras creencias y valores básicos que están profundamente atrincherados en nuestro subconsciente.

Nuestra actitud mental se define como nuestra manera habitual de actuar, sentir, y pensar que muestra nuestra disposición, opiniones y creencias sobre la vida. Nuestras creencias representan el «perfil» de nuestra actitud, o la arraigada estructura de la realidad que hemos adquirido durante nuestra educación. Nuestra actitud se convierte en nuestro distintivo y en lo que el mundo (¡incluidos nosotros mismos!) piensa y espera de nosotros. Cuando tenemos una actitud positiva ante la vida, estamos contribuyendo a tener una actitud mental positiva.

Todo esto lleva a una natural relación causa-efecto:

Cuando cambias tu forma de pensar,
cambias tus creencias.
Cuando cambias tus creencias,
cambias tus expectativas.
Cuando cambias tus expectativas,
cambias tu actitud.

Esta nueva actitud a su vez tiene su propio efecto:

Cuando cambias tu actitud,
cambias tu conducta.
Cuando cambias tu conducta,
cambias tus resultados,

Cuando cambias tus resultados,
¡cambias tu vida!

Todo cambio significativo comienza, entonces, cuando hacemos el esfuerzo de cambiar nuestras creencias sobre quiénes creemos que somos.

Nuestras emociones son reacciones espontáneas de nuestro sistema nervioso ante acontecimientos externos, basadas en imágenes almacenadas en nuestra mente subconsciente, que representan nuestro sistema de creencias personal. Podemos cambiar estas imágenes mediante experiencias imaginadas o «artificiales», es decir, introduciendo nuevos datos, tales como imágenes positivas, deliberadamente en nuestro subconsciente, otorgando de forma consciente menos credibilidad y relevancia a los viejos datos, tales como imágenes negativas ya almacenadas en la memoria, o mediante una combinación de los dos.

Estos actos deliberados, con el tiempo, empezarán a modificar sus respuestas y emociones actuales y a transformarlas en otras consideradas más deseables y apropiadas. Por mucho que lo intente, usted no puede controlar sus emociones sólo con fuerza de voluntad y pensamiento consciente. Sus emociones siempre serán coherentes con su arraigada estructura de la realidad: las imágenes que usted tiene en su cabeza y que definen quién cree usted que es.

Utilizada de forma repetida y con sincera convicción y deseo, la técnica de las imágenes conscientes que acabamos de describir le proporcionará la personalidad eficaz y la confianza que necesita para lograr las metas que usted decida. La conducta positiva asertiva orientada a modificar conscientemente características de la personalidad puede denominarse esfuerzo «activo». La única alternativa que puede producir cambios, aunque no necesariamente con los resultados deseados, es la experiencia «pasiva» de la vida real. Equivale a cruzar los dedos y a tener la esperanza de que los acontecimientos externos ocurrirán por casualidad en su vida, y de que al hacerlo, traerán los deseados cambios por los que usted está luchando. Tales acontecimientos generalmente no ocurren.

Sobre este tema, ya hemos apuntado que existe algo llamado efecto de «personalidad +». Es más que simplemente personalidad porque su naturaleza puede tener varias dimensiones adicionales. Podría ser «personalidad-más-intensidad» o «personalidad-más-convicción»; pero sea lo que sea, diferencia a unas personas de otras. Por alguna razón, esta química interna de la persona ha creado una mágica personalidad de «proceso positivo». Al adquirir los diez principios de la motivación, adquirirá usted también esos atributos de «proceso positivo», pudiendo de ese modo ganar dignidad y satisfacción de fuentes externas. Esto es la personificación del poder personal.

Aprendiendo a adquirir una actitud positiva asertiva en su forma de pensar y en su conducta, está usted alcanzando potencialmente la primera «cumbre» de su vida que le permitirá «echar una rápida ojeada» por encima de la confusión y de la frustración de los acontecimientos de cada día para ver la posibilidad de nuevos logros. De está forma podrá salirse de la rutina diaria, y será capaz de practicar el «pensamiento positivo». Éste es el principio del Dr. Robert Schuller, «subir a la cumbre para echar una ojeada», expuesto en su penetrante libro titulado *Peak to Peek*.

La inspiración emocional que reciba de su primer logro significativo le propulsará al logro inmediatamente superior. Es un fenómeno de «proceso positivo» que crea su propia energía e impulso, proporcionando su mente subconsciente la inspiración y el entusiasmo. Su mente subconsciente es como una fábrica de pensamientos con una línea de producción continua. Establezca el rumbo, y ella seguirá su mensaje y su destino, y asumirá literalmente el mando.

Cuando haga todo esto de forma consciente, controlada, y expresamente, la reacción que reciba será distinta de cualquier otra experiencia de su vida. Tendrá que agarrarse el sombrero mientras intenta mantenerse físicamente a la altura de sus explosiones mentales. Claude M. Bristol lo llama TNT: El Poder dentro de Ti, en su maravilloso libro titulado *TNT: The Power Within You.* ¡Todos sabemos que la dinamita mueve montañas!

El enfoque sugerido aquí supone un proceso evolutivo fluido, y no simplemente diez escalones hacia el éxito. Simplemente no funciona así. Las personas mejoran en todo a base de cometer errores, y con práctica, práctica, práctica.

Tómese un tiempo precioso para pensar mientras lee este libro en términos de lo que podría significar para usted. Considere algunas de sus posibilidades. Cuando empiece a pensar en estos términos, su voz interior empezará a responder inconscientemente, pues está siempre escuchando. Promover un desafío deliberadamente es la forma más constructiva de sacarle el máximo partido a su mecanismo interior del éxito.

¿Por qué funciona esto? Su mente, como todo en la naturaleza, tiene una tendencia natural a buscar la tranquilidad interior. Recuerde que para cada acción, hay una reacción igual y opuesta. Su mente permanecerá en punto muerto a menos que sea desafiada por usted. Pero cuando sea finalmente desafiada, por ejemplo, por un objetivo apasionante, responderá buscando satisfacer la demanda para volver de nuevo al estado de punto muerto. En otras palabras, su mente consciente y su mente subconsciente siempre buscan un equilibrio interno. Su mente consciente determina el nivel, y su mente subconsciente automáticamente sigue su ejemplo. Plantee un problema o aspire a algo de forma consciente, y su mente subconsciente trabajará para encontrar la solución. Se esforzará en resolver todos los problemas que se le planteen mientras no sea desafiada de nuevo. Este mágico poder está dentro de todos nosotros. Su presencia puede ser requerida como resultado de una motivación positiva para iniciar un cambio dirigido a mejorar nuestras vidas.

Ahora tiene usted a la parte consciente y a la parte subconsciente de su mente hablándose abierta y positivamente sobre usted. Como trabajan en armonía, sus aspiraciones tal y como son definidas por su mente consciente se convierten automáticamente en objetivos para su mente subconsciente.

Transmita conscientemente las preguntas a su yo interior, y las respuestas saldrán agitadamente en una cabalgata de inspiración. Ponderar activamente sus posibilidades mediante el pensamiento consciente automáticamente activa la mente subconsciente para crear las soluciones. Este fenómeno queda totalmente fuera de su control una vez puesto en marcha, pero sólo usted puede ponerlo en marcha.

Para ser totalmente eficaz, debe usted ser positivo y asertivo consigo mismo antes de poder serlo con los demás. Debe poner en práctica el «si tú ganas, yo gano» entre las partes consciente y subconsciente de su mente. Entable una relación abierta y amistosa entre su yo consciente y su yo subconsciente. Se conocen ya de manera casual, pero esta relación podría ser mucho más significativa. ¡Cada uno podría convertirse en el mejor amigo del otro! La relación debe ser totalmente abierta y libre, llena de amor y respeto mútuo, y orientada hacia metas que le hagan a usted feliz.

No debe dejar que su mente consciente interfiera en aquello que su mente subconsciente hace mejor: controlar sus funciones corporales y permitirle relajarse y ser creativo. Los pensamientos nerviosos y desagradables en el presente no le permitirán sentirse bien y operar eficazmente. Sus pensamientos conscientes sobre el tiempo real controlan la conducta de su subconsciente y viceversa; es un circuito cerrado con retroalimentación directa. En otras palabras, sus pensamientos internos en el fondo determinan el que tenga o no éxito con los demás en las tres áreas principales de la vida.

Una vez que las partes consciente y subconsciente de su mente estén en armonía una con la otra, usted podrá estar en armonía con su entorno de forma más eficaz. Debe usted amarse a sí mismo antes de poder dar amor a los demás, y debe usted dar amor a los demás para recibir amor a cambio.

¡TÓMESE TIEMPO PARA PENSAR!

1. Decida qué tipo de conducta concuerda con su auténtico yo, e imagine ser ese tipo de persona.
2. Decida algunos objetivos a corto y a largo plazo para su vida personal, profesional, y social. Uno de esos objetivos debe ser llegar a ser más eficaz en sus relaciones con otras personas, y con ello convertirse en una persona más feliz.
3. Empiece a representar esa nueva imagen que tiene del tipo de persona que desea llegar a ser durante sus encuentros diarios cara a cara.
4. Compare su nueva conducta y resultados con aquellos que desea y busca con determinación.
5. Continúe modificando su conducta consciente y gradualmente hasta que la reacción que reciba de los demás sea constantemente positiva, y empiece a sentirse bien consigo mismo.

CAPÍTULO 5

LA IMPORTANCIA DE LA IMAGEN QUE UNO TIENE DE SÍ MISMO PARA EL DESARROLLO PERSONAL

La única realidad es que no existe la realidad.
¡Todo está en los ojos del observador!

Obtenemos reacciones positivas o negativas
en proporción directa a cómo satisfacemos
las necesidades de otras personas.

De todas las criaturas sobre la tierra,
el ser humano es la única que puede imaginar su futuro
y creer que éste puede hacerse realidad.

El desarrollo personal

El desarrollo personal es importante desde un punto de vista personal y profesional. Nuestra felicidad depende de él, al igual que la felicidad de las personas cercanas a nosotros. Nuestra organización tiene también una considerable inversión en nosotros, y puede beneficiarse de cualquier nueva habilidad que podamos desarrollar y aplicar en el trabajo.

El éxito puede definirse como la capacidad de lograr progresivamente metas más ambiciosas de forma constante y equilibrada en cooperación con otras personas. Sea cual sea su definición de éxito y felicidad, ambos dependen en gran medida de sus relaciones con los demás. En esta época de derechos humanos, de derechos de la mujer, de derechos de las minorías, y de cambio tecnológico mediante la investigación avanzada y la automatización, las relaciones humanas son más importantes de lo que lo fueron nunca. Las personas son cada vez más exigentes y asertivas, y los demás tienen que aprender cómo hacerles frente. A medida que la civilización progresa y el mundo se hace más pequeño, los países y sus gentes son más interdependientes para su bienestar social y económico, incluso para sobrevivir a las guerras, la peste, y la contaminación. Las personas y las naciones deben aprender a llevarse mejor individualmente.

Inteligencia, conocimientos especializados, experiencia, talento, trabajo duro, incluso con todo esto, sin unas relaciones humanas eficaces, no es probable que alcancemos el éxito. Sin éxito, la mayoría de las personas no son felices. Y la mayor parte de las desgracias y de las desdichas del mundo actual están causadas por personas desdichadas y frustradas. Las investigaciones muestran que la mayoría de las personas que fracasan en los negocios son un fracaso en sus relaciones humanas. En la ciencia de la dinámica humana, rigen las leyes naturales de la conducta humana, que pueden ser comprendidas y utilizadas de forma eficaz mediante el esfuerzo y la práctica constantes. ¿Qué hace que una persona tenga más éxito que otra? El éxito en cualquier campo, incluido el éxito en las relaciones humanas, se produce cuando se combinan los conocimientos y la conducta apropiados con una hábil puesta en práctica de los mismos.

Debemos darnos cuenta de que el mundo que nos rodea forma su opinión de nosotros basándose en gran medida en la opinión que nosotros tenemos de nosotros mismos. Las personas nos juzgarán también por nuestras opiniones sobre otras cosas. Hablar de forma negativa y dar opiniones negativas generalmente produce una mala impresión. Es interesante constatar que la gente repara en nuestra actitud antes que en nuestra nariz. Y cada persona debe asumir la total responsabilidad de su propia actitud. Es irónico que hoy en día haya muchos técnicos muy cualificados interesados en mejorar su personalidad, pero que o bien no saben por dónde empezar o no se han puesto a ello. Les falta la comprensión de las causas y los efectos de las relaciones humanas y las técnicas para conectar eficazmente con otras personas.

Las relaciones humanas son el arte de tratar con otras personas de tal forma que todas ganen. En otras palabras, el ego de todas permanece intacto o, mejor incluso, se acrecienta. Sabemos que las personas darán a los demás lo que éstos desean sólo en la medida en que reciban a cambio lo que ellas desean. En alguna ocasión protegerán sus egos con sus vidas. Una respuesta pasiva en extremo, por ejemplo, sería aquella en la que una persona deja que su salud mental y física se deteriore hasta morir. Una respuesta agresiva en extremo sería disparar a la persona que nos insultó hiriendo nuestro ego. Somos testigos de ambos tipos de respuesta en nuestra sociedad cada día.

Todos conocemos personas con éxito que parecen relacionarse bien con los demás, mientras otra mucha gente parece sólo resuelta a culpar a los demás por todos sus problemas. La auténtica diferencia es su habilidad en las relaciones humanas. Hay cuatro formas principales de las que nos podemos relacionar con otras personas:

1. Podemos tomar aquello que deseamos sin dar nada a cambio. Esta agresiva postura no puede ser productiva con el tiempo.
2. Podemos satisfacer las necesidades de los demás y esperar que ellos a su vez sean amables con nosotros. Paga uno un precio tremendo por ser pasivo, esperando y rogando por sus necesidades.
3. Podemos obrar por instinto sin importarnos realmente lo que ocurra.
4. Podemos dar y tomar según los deseos y necesidades

de cada uno basándonos en una conducta positiva asertiva.

La imagen que tenemos de nosotros mismos

La imagen que tenemos de nosotros mismos es parte integrante de nuestra personalidad. Es nuestra idea de quién y qué pensamos que somos. Es la opinión privada que tenemos de nosotros mismos en vista de nuestros pasados éxitos y fracasos. Nuestra forma de pensar sobre nosotros mismos depende en gran medida de nuestra capacidad para ejercer nuestro poder personal con éxito en nuestra vida. Maxwell Maltz describe la imagen que uno tiene de sí mismo como nuestro «concepto del tipo de persona que somos» en su famoso libro *Psycho-Cybernetics.* Todas nuestras acciones y emociones son coherentes con la imagen que tenemos de nosotros mismos, y éste es el vehículo para producir un cambio significativo en nosotros. Podemos cambiar esta imagen mediante el pensamiento consciente y racional, empleando técnicas de imágenes creativas, pero no podemos alterarla con el deseo o la fuerza de voluntad.

La imagen que tenemos de nosotros mismos levanta barreras psicológicas en nuestra mente que definen lo que esperamos o no conseguir en la vida. Nuestras expectativas, junto con nuestras percepciones, son elementos importantes de nuestro sistema de creencias. Cuando ampliamos nuestra imagen de nosotros mismos, ampliamos el área de lo que es posible para nosotros. Propiamente definida, una nueva imagen de sí mismo puede desencadenar la mayor fuerza dentro de uno: los poderes creativos de la mente subconsciente.

Como nuestra conducta es coherente con la imagen que tenemos de nosotros mismos, los demás nos ven de acuerdo con nuestras propias percepciones de nosotros mismos. En efecto, lo que usted ve en sí mismo es lo que obtiene de los demás. Puede que usted no esté de acuerdo con esta afirmación sin pensar un poco en ella, porque puede usted decir que usted controla expresamente sus comunicaciones verbales con los demás para no revelar ningún sentimiento privado que pueda tener, como miedo, ansiedad, o culpa. El análisis muestra, sin embargo, que el noventa y tres por ciento de la comunicación verbal consiste en el tono de voz, las expresiones faciales, y demás lenguaje corporal, quedando sólo un siete por ciento para las propias palabras.

Nuestro lenguaje corporal es comunicación involuntaria directa de nuestro subconsciente al de otra persona, y si no es coherente con nuestras palabras, surgirá la duda en la mente del oyente sobre la veracidad de nuestras afirmaciones. De hecho, el oyente creerá nuestro lenguaje corporal antes que nuestras palabras, sabiendo que éste refleja más fielmente nuestros verdaderos sentimientos. Por lo tanto, por mucho que lo intente, uno no puede esconder su yo interior, la forma en que uno se ve a sí mismo, ante los demás debido a la forma en la que estamos hechos y funcionamos.

La imagen que una persona tenga de sí misma debe ser realista y apropiada. Debe ser coherente con el sistema de valores de la persona, en el sentido de que debe encajar en él. Debe uno estar orgulloso de ella y sentirse cómodo viviéndola y expresándola. Debe también permitirle funcionar a nivel óptimo. La forma en que se relaciona usted con los demás y ejerce su poder para influir en ellos es parte integrante de su concepto de sí mismo, y está a la vista para que todos puedan verlo.

El poder personal juega un papel clave en nuestras vidas. Es una fuente principal de autoestima porque es el vehículo que utilizamos para obtener autoestima de otras fuentes. Expresamos nuestro poder personal a través de nuestra personalidad y de la forma en la que nos relacionamos con los demás. Debe usted experimentar con diferentes rasgos de personalidad, creencias, y patrones de conducta hasta adquirir aquellos que representen mejor su «auténtico» yo: la persona confiada y segura de sí misma que desea ser. Con una planificación y esfuerzo conscientes, las características apropiadas se grabarán en su memoria, y más tarde darán como resultado respuestas inconscientes y habituales en situaciones dadas que serán coherentes con su nueva imagen de sí mismo.

Pensándolo bien, nadie empieza su vida con ninguna de las cualidades, técnicas, y características necesarias para triunfar totalmente desarrolladas. Dejadas al azar, desarrollará usted algunas en el camino, unas antes, otras después, algunas nunca, pero no tiene por qué ser así. Usted tiene control sobre este proceso si elige actuar.

Cada día, cuando representa su imagen de sí mismo, los que le rodean reaccionan ante ella. Obtendrá respuestas positivas o negativas en proporción directa al grado de satisfacción por su parte de las necesidades de los demás. Cuando empiece a recibir reacciones positivas de forma constante, sabrá que se está relacionando con los demás con arreglo a sus necesidades (de ellos), permitiendo que ellos a su vez satisfagan sus necesidades (de usted).

No debe sentirse obligado a cambiar o intentar mejorar su imagen de sí mismo porque sí. Pero si se siente usted desgraciado, incómodo, o incluso estresado por la vida, debe considerar cuáles son sus opciones. Considere lo siguiente: si no sabe a dónde quiere ir en la vida, ¿cómo puede esperar llegar allí? ¿Se ha montado alguna vez en un coche sin saber a dónde quería ir? Por supuesto que no. Usted siempre tiene un destino en mente, y siempre se dirige hacia allí. ¿Hacia dónde se dirige su vehículo en la vida? Para llegar a donde desea, necesita usted tomar una decisión consciente. Tiene que programar su mente subconsciente de forma apropiada.

El mundo que nos rodea nos ha programado para pensar en pequeño en casi todos los terrenos, y nosotros pensamos y hacemos las cosas para las que estamos programados. Por lo tanto, debemos cambiar el programa de nuestro ordenador introduciendo nuevos componentes lógicos en nuestro cerebro electrónico en forma de nuevas imágenes mentales. Esto se hace tomando una decisión sobre quién quiere usted ser, a dónde quiere ir, y cómo va a llegar allí, ¡y luego empiece a imaginar que ya está usted allí!

La forma más rápida y eficaz de adquirir un atributo o capacidad es suficientemente sencillo: ¡imagine que ya lo tiene y empiece a aplicarlo en su vida! Como dijo Aristóteles, «Los hombres adquieren una cualidad particular actuando constantemente de una forma particular». Visualícelo a diario; asimílelo, y conviértalo en parte de su ser. Programe su ordenador representando el papel del tipo de persona que desea ser, imaginando que ya tiene la característica o capacidad particular que desea. Después de un sincero y repetido esfuerzo y con la convicción de que, de hecho, ya posee esos atributos, su mente subconsciente finalmente captará el mensaje: «El jefe desea esta nueva imagen, así que ¡en marcha!».

¿Por qué funciona esta técnica? Usted desarrolló su imagen de sí mismo experimentando cosas en el pasado mientras crecía. Puede cambiarla con el mismo método. Se llama experimentación *artificial*. Estudios científicos demuestran que nuestro cerebro no puede distinguir entre una experiencia real y otra imaginada intensamente y con todo detalle en nuestra mente. De las dos formas estamos introduciendo nuevos datos en nuestro banco de memoria. Es como dirigir un programa ficticio, pero nuestro ordenador lo acepta como datos reales. ¿Recuerda aquella vez que estaba convencido de que había enviado aquella carta a su familia y luego le dijeron que no la habían recibido? Sencillamente imaginó que la había escrito tan intensamente que creyó haberlo hecho realmente. Es interesante observar que de todas las criaturas sobre la tierra, sólo el hombre puede imaginar su futuro y creer que puede hacerse realidad.

De todas las facultades humanas, la imaginación creativa y la fe son, con seguridad, las más poderosas. Están dentro de cada uno para ser empleadas y explotadas a voluntad. Tolstoy describió la fe como la «fuerza de la vida». Las técnicas de imágenes creativas combinadas con una incuestionable convicción le transformarán virtualmente en la persona que desea ser. La fe es la esencia de la esperanza: la evidencia de las cosas no vistas. Es la confiada seguridad de que algo que deseamos va a suceder. Es la certeza de que aquello de lo que tenemos esperanza nos está esperando, incluso si no podemos verlo delante de nosotros. La fe es convicción incuestionable. Las personas no deben cuestionarse si pueden conseguir sus metas en la vida. Deben adoptar la actitud de que si pueden pensar en ello y soñar con ello, pueden lograrlo.

Quizás fue Emerson el que mejor lo expresó cuando escribió, «No hay nada caprichoso en la naturaleza. La implantación de un deseo indica que su gratificación está en la constitución de la criatura que lo siente». Nuestras experiencias pasadas han sido adquiridas con el tiempo y están compuestas de todos los pensamientos y sentimientos que hemos aceptado como nuestra realidad sobre nosotros y nuestro mundo. Los pensamientos se refieren a los elementos de conocimiento dentro de nuestra estructura de la realidad, mientras que los sentimientos se refieren al «sello» emocional que hemos colocado en cada elemento de conocimiento. Por ejemplo, la imagen que tenemos de nosotros mismos tiene un enorme sello que dice PERSONAL colocado de forma llamativa por toda ella. Por ello, es una de las creencias más difíciles de cambiar. Nuestro sistema total de creencias está compuesto de una vasta colección de elementos de conocimiento y emocionales que hemos adquirido como resultado de nuestra educación y de nuestra vida diaria. Necesariamente, cualquier sistema de creencias es inexacto porque las personas a menudo ven sólo lo que necesitan, lo que desean, o lo que han sido obligadas a ver por una programación forzada. Tres testigos del mismo crimen nunca ven lo mismo. Con demasiada frecuencia, tomamos decisiones sobre nuestra imagen de nosotros mismos y sobre nuestro potencial para el triunfo basándonos en información inexacta, irracional, o en demasiada poca información.

La capacidad para ver y aceptar otras posibilidades tiene mucho que ver con la motivación personal. Nuestras nociones y percepciones, que se han convertido en nuestras ideas preconcebidas sobre nosotros mismos y nuestro entorno, están constantemente afectadas por señales procedentes de una amplia variedad de fuentes externas. Colectivamente, forman un mosaico y una base fundamental para el perfil de nuestra actitud, conocido como nuestro sistema de creencias personal. Por lo tanto, para motivarnos a nosotros mismos, tenemos que cambiar tantas de esas señales externas como sea posible para que el mundo empiece en cierto modo a parecernos diferente. La motivación está afectada en gran medida por este lento proceso, que sólo puede ser gradual y autogenerado. La percepción individual lo abarca todo y es todopoderosa. Nuestra forma de percibir el mundo define el entorno en el que acabamos viviendo, determina nuestras esperanzas y nuestro miedos, y establece límites superiores a nuestras expectativas individuales en la vida.

Todos sabemos que a la gente le gusta agarrarse a las viejas ideas y creencias como si fuesen valiosas posesiones personales. ¿Por qué? En parte, reconsiderar puntos de vista adoptados supone pensar; de hecho, supone pensamiento original, lo cual cuestiona una asunción previa o la base original de una asunción previa. Todo este pensar hace daño porque requiere considerable esfuerzo y autoanálisis.

Adicionalmente, conlleva un elemento de riesgo. La gente no tira un viejo sombrero hasta haber adquirido uno nuevo para reemplazarlo. Lo mismo ocurre con las ideas. Hay que hacer sitio a una idea nueva renunciando primero a la antigua, y las personas no aceptan una idea nueva a menos que crean que hacerlo redunda en su propio beneficio. En otras palabras, la nueva idea o creencia debe «encajar» mejor que la antigua en el contexto total de la nueva estructura de la realidad de una persona. Las personas que no vuelven a pensar en su pasado están con seguridad condenadas a repetirlo.

Una técnica útil para producir un cambio en nuestra arraigada estructura de la realidad es la llamada *autosugestión*. Implica repetirse a sí mismo declaraciones y aserciones positivas sobre cosas que uno desea cambiar con una sincera convicción en su imaginación. Con el tiempo, estas afirmaciones conscientes dictadas al subconsciente alterarán su sistema de creencias interno, afectando así expresamente a su pensamiento y a sus funciones corporales. Empleando el poder de la autosugestión, somos capaces de reprogramar nuestro ordenador personal, e implantar nuevas percepciones sobre nosotros y nuestra capacidad de funcionar eficazmente. Mediante una imaginación intensa, significativa, y creativa de un mejor «yo», adquirirá y exhibirá usted cualidades y atributos que hasta ahora estaban latentes dentro de usted. Lo que piense sucederá, ¡y lo que crea sobre usted será!

James W. Newman llama a este proceso «imaginación constructiva» en su revelador libro *Release Your Brakes*. Explica con todo detalle cómo afirmaciones positivas combinadas con técnicas de imágenes creativas producen la armonización de los estados consciente y subconsciente, lo cual se traduce con el tiempo en la aceptación por el subconsciente de las nuevas percepciones o creencias a él presentadas.

Como hemos explicado, nuestro potencial natural innato está compuesto por dos componentes virtualmente completos, a saber, nuestra inteligencia básica y la estructura del ego de la que fuimos dotados en el nacimiento. Además, poseemos un componente generalmente incompleto e inexacto conocido como nuestro sistema de creencias personal. La autosugestión nos proporciona las herramientas necesarias para modificar o aumentar nuestro propio conjunto de percepciones, permitiéndonos desarrollar nuevas técnicas y capacidades todavía no totalmente explotadas. Controlando nuestros pensamientos y sentimientos de esta manera, controlamos nuestra conducta, porque todos tendemos a comportarnos de forma coherente con nuestra realidad subconsciente.

Las personas eficaces necesitan personalidades eficaces. Saber cómo obtener lo mejor de uno mismo hará que obtengamos lo mejor de los demás. Las personas se necesitan unas a otras para lograr metas que no pueden alcanzar individualmente. De modo que declare sus aspiraciones y creencias abiertamente a otras personas, en busca de objetivos comunes.

Reconozca a dónde quiere llegar. La afirmación interior conducirá a la confirmación exterior, ¡su rumbo estará trazado para siempre hacia adelante y hacia arriba! La autosugestión implica imaginar conscientemente, en tiempo presente, que somos la clase de persona que deseamos ser, y representar un patrón de conducta como *hacedor*, no como un espectador observándose a sí mismo desde la distancia. Cuanta más imagen positiva de sí mismo cree para usted, más eficaz resultará su conducta. Repítase a sí mismo: «Afirmo que estoy seguro de mí mismo y que tengo buenas intenciones en mis encuentros individuales con otras personas, y que doy según tomo y tomo según doy, intercambiando necesidades y deseos justa y equitativamente en un espíritu de mutuo respeto».

Ahora imagínese representando en su mente, con sincera convicción, una escena en la cual usted se comporta de esta manera. Recuerde, la comprensión y el compromiso requieren una profunda implicación mental. De otro modo, no hará usted que se produzcan los cambios que desea, y volverá a caer en su previa conducta habitual.

Tome la Iniciativa

Mediante las siguientes técnicas de imágenes positivas y asertivas puede usted proporcionarse una nueva imagen de sí mismo y una nueva personalidad.

Primero, haga un dibujo de su «antiguo yo» de unos cinco centímetros de alto. Asegúrese que muestra todas sus verrugas, cicatrices e imperfecciones, tanto físicas como mentales. Ahora haga un dibujo de su «nuevo yo», la persona que quiere llegar a ser, de unos treinta centímetros de alto. Asegúrese que muestra todos los nuevos atributos y capacidades que usted desea con ansia. ¡Coja este nuevo dibujo e insértelo en su cerebro justo entre los ojos (no le dolerá)! Asegúrese de que el dibujo mira hacia adentro. Queme el dibujo de cinco centímetros y lance las cenizas al viento.

Ahora observará en su vida que la nueva imagen que ha introducido en su mente empieza a mirar también hacia afuera, ¡porque los demás empiezan a verle exactamente de la misma forma que usted se ve a sí mismo!

CAPÍTULO 6

MOTIVACIÓN BASADA EN LA CONDUCTA POSITIVA ASERTIVA EN LA ORGANIZACIÓN

El clima de trabajo ideal es aquel en el que las personas se motivan mutuamente unas a otras.

El bienestar de una organización está en proporción directa a la calidad de todas las relaciones individuales entre supervisores inmediatos y empleados en el lugar de trabajo.

Una organización con éxito prospera siendo la mejor en ciertas empresas y actividades. Éste es su objetivo final.

El papel de la organización

Una revolución está teniendo lugar en el arte y la ciencia de la dirección de personal al reconocerse el hecho de que una mejor dirección del personal conduce a una mayor satisfacción en el trabajo y a una mayor productividad. El objetivo declarado de muchos directores de recursos humanos hoy en día es crear empleados motivados, comprometidos, y autorizados. Ello no hace sino reconocer lo obvio: ¡que son las personas las que determinan la productividad! Un estudio tras otro, como queda certificado en libros como *Motivación y Productividad* y *En Busca de la Excelencia*, proporcionan amplia evidencia de la eficacia de las técnicas motivacionales en compañías grandes y pequeñas. Ahora está ampliamente reconocido y aceptado que las personas y cómo se las dirija siguen siendo la mayor fuente de aumento de productividad tanto en las instituciones públicas como en las privadas.

La organización y su estilo de dirección desempeñan un papel clave en la motivación de sus recursos humanos. Los directivos inteligentes se han dado cuenta finalmente y han aceptado el hecho de que las personas son su recurso más valioso. Una empresa desarrolla su propia personalidad a través de la actitud de sus directivos. Además, es evidente que una conducta positiva asertiva por parte de los empleados a todos los niveles es coherente tanto con sus intereses personales como con los de la organización, porque la actitud de los empleados es un factor primordial en la determinación del éxito o del fracaso de la dirección. Todos sabemos que los buenos directores tienden a ser buenos directores de personal.

Como ejemplo de la importancia de la actitud de los empleados, consideremos el caso de la Memorex Corporation, que fue transformada de empresa perdedora en ganadora mediante una revisión de la mentalidad de la compañía. Robert C. Wilson, asesor que ayudó a que la empresa volviera a tener beneficios, dijo a la prensa, «Hay que conseguir la actitud apropiada. Si una compañía tiene problemas, la actitud de las personas lo reflejará, y cuanto más duren éstos, peor se volverá aquélla. Los empleados y la compañía no serán capaces de concentrarse en el futuro». Curar las actitudes de los empleados a todos los niveles de la estructura de la compañía es a menudo el remedio para el malestar de la compañía.

De hecho, una conducta positiva asertiva puede tipificar la imagen y el estilo de dirección de una compañía, como por ejemplo la «dirección por objetivos» (DPO), que estuvo de

70

moda durante gran parte de los años setenta y ochenta. Toda organización debe luchar para concentrar, mediante algún tipo de mecanismo, los esfuerzos, talentos, y energía de todos sus empleados en metas y objetivos valiosos compatibles con el bienestar de la organización. Si tanto los empleados como la organización saben hacia dónde quieren ir, y ambos quieren llegar al mismo sitio, habrá más posibilidades de que ambos lleguen allí. Toda organización existe por la sencilla razón de que puede alcanzar metas que individuos trabajando solos no pueden.

La organización es un factor significativo con relación a la motivación en las personas, aunque sólo sea porque el trabajo consume unas ocho horas diarias del tiempo de cada uno. Su función es proporcionar el entorno que permita a los empleados motivarse mutuamente unos a otros, consiguiendo así una alta moral y una mayor productividad en la organización.

Una organización con éxito es aquella que logra un esfuerzo extraordinario de gente corriente. La mayor parte de los expertos en dirección clasifican el trabajo y la seguridad económica como motivadores de bajo nivel que no garantizan más que un rendimiento medio. El trabajador moderno está claramente motivado por mucho más que la paga y el ascenso o la amenaza de la disciplina y el despido. Aunque el entorno laboral no puede proporcionar por sí solo la satisfacción de las necesidades del ego y de autorrealización, tiene, sin embargo, un importante efecto en la actitud de las personas hacia sí mismas, su trabajo, y su futuro.

James Cribben, en su ya clásico libro *Effective Managerial Leadership,* dice: «Para conseguir que las personas realicen un trabajo mediocre, no hay más que emplear el poder de la coacción y de la recompensa de una forma manipuladora. Para obtener su máximo rendimiento, sin embargo, uno debe conseguir que se dirijan a sí mismos. La organización puede beneficiarse de forma significativa si puede inducir un alto nivel de motivación, ya que éste a su vez produce un alto rendimiento».

Las personas están motivadas para actuar en su propio interés. El truco para la organización consiste en hacer que este interés personal sea lo más compatible posible con el suyo propio, y en asegurarse después que sus empleados obtienen lo que desean. Ello implica una mutua motivación en el lugar de trabajo y unas buenas relaciones humanas entre todos los supervisores inmediatos y sus subordinados. A todos los niveles de la estructura de la compañía los supervisores deben comprender la importancia de las contribuciones de los empleados a la organización. Los esfuerzos de los empleados deben reconocerse y recompensarse al máximo dentro del sistema.

Las personas desean naturalmente respeto hacia su individualidad, consideración hacia sus sentimientos, y estímulo para desarrollar todo su potencial en sus vidas personales y profesionales. Sabiendo esto, una organización no puede esperar que las personas separen sus vidas privadas, sociales, y profesionales. Un individuo es quien es; nos guste o no, es un todo. De ahí, que las personas necesariamente se lleven al trabajo cualquier problema personal que puedan tener, y se lleven de vuelta a casa cualquier problema relacionado con el trabajo. Es necesario que la organización lo reconozca y proporcione la orientación y el estímulo necesarios para que las personas lleguen a aprender más sobre sí mismas, y a desarrollar un sincero interés por su trabajo. Sentirse parte de una organización conduce a una mayor lealtad y compromiso hacia dicha organización.

El filósofo William James observa que la felicidad es para todos una de las principales preocupaciones de la vida; pero la felicidad es un proceso, y lo que hace feliz a una persona en un momento determinado de su vida puede no hacerle feliz en otro momento. Las personas positivas asertivas lucharán siempre para lograr una mayor felicidad en cooperación con los demás. De ahí, los empleados que practiquen tal tipo de conducta se complementarán unos a otros los deseos y necesidades relacionadas con sus egos, y contribuirán a obtener un mayor rendimiento, individual y colectivamente.

Los empleados también tienen derechos, y exigen reconocimiento por sus contribuciones. Tienen una hoja de balance y un valor neto, exactamente igual que cualquier organización. Comprender a las personas depende de una buena comunicación interpersonal. Hay que saber qué desean, qué necesitan, y quiénes son, si se quiere tratar con ellas de forma eficaz.

La persona que más influye en la motivación de un empleado en el trabajo es su supervisor inmediato. Recuerde, todo director es un supervisor, y cada uno tiene a su vez un supervisor inmediato. Esta es, por tanto, la esencia o punto de contacto entre la organización y sus personas. La relación individual entre cada supervisor y cada empleado contribuirá al final a la alta o baja moral de la organización en su conjunto. El bienestar de una organización es simplemente la suma de todas las relaciones individuales entre supervisores inmediatos y empleados a todos los niveles de la estructura de la compañía. En una organización todos tienen que dar cuentas a alguien, incluso el presidente y el director ejecutivo.

Todo supervisor se hace la siguiente pregunta: «¿Cómo puedo motivar a mi gente?». Un supervisor debe comportarse de tal forma que su personal pueda ser y sea asertivo. Debe dar suficiente oportunidad para obtener la máxima contribución y consenso, lo cual a su vez conducirá a una mayor cooperación y compromiso: «Mi trabajo como tu supervisor es facilitarte la realización de tu trabajo. Puedo ofrecerte instrumentos, recursos, motivación, y orientación. Ahora hablemos sobre estas cuestiones y sobre cómo podemos lograr juntos nuestros objetivos». Ésta es una declaración abierta y clara invitando a una máxima contribución y a una discusión abierta.

Si la organización puede asegurar que estas relaciones individuales son relaciones «ganadoras» en términos de deseos y necesidades relacionados con el ego, estará asegurando unas mejores relaciones de personal, un menor movimiento de personal, menos absentismo, más creatividad, mayor productividad, y mayores beneficios.

Un supervisor no puede esperar motivar a los demás mediante el miedo y la intimidación. A una persona hay que mostrarle cómo se está sirviendo su propio interés como resultado de su cooperación en el establecimiento y consecución de los objetivos de la organización. Un reciente estudio en los Estados Unidos intentó cuantificar la cantidad de productividad perdida en el sector industrial por «holgazanear» en el trabajo. Los resultados estimaron que los trabajadores industriales holgazanearon una media de 4,3 horas a la semana con cosas tales como llegar tarde, irse pronto, alargar las horas del almuerzo, falsificar permisos por enfermedad, y excesiva socialización durante las horas de trabajo. Multiplicado por el salario medio por hora, esta pérdida de productividad le costó a la economía nacional ¡más de 250.000 millones de dólares al año! Tan elocuente evidencia debería convencer a cualquiera de que la motivación y la moral en el trabajo son importantes. Ignorar estos factores es rebajar la rentabilidad de la organización, y por tanto su capacidad para competir y sobrevivir en el mercado mundial.

Estilo de dirección

Una organización influye en su personal por el estilo particular de dirección que utiliza. El estilo de dirección más ampliamente practicado en Norteamérica se centró en otro tiempo en un enfoque llamado Dirección Por Objetivos

(DPO) (1), promovido por el teórico del management Peter Drucker. La DPO fue objeto de mucha confusión, re-evaluación, e incluso cambios de nombre desde su presentación por primera vez a principios de los años setenta. Pronto atrajo a muchos conversos porque inicialmente se consideró una panacea para el control de la dirección.

La DPO se definía como una forma de planificación y control de la dirección que motiva a directores y empleados por igual creando objetivos personales acordados por ambos. Al principio, muchas cosas salieron mal. Muchas empresas tenían una estructura organizativa equivocada, otras tenían estrategias equivocadas, y otras no eran flexibles en su aproximación al establecimiento de objetivos. Muy a menudo, las estrategias de arriba no pasaban abajo. Por todas estas razones equivocadas, la DPO perdió aceptación. Cualquier estilo de dirección como la DPO es simplemente tan eficaz como las personas que lo diseñan y utilizan. Fue creado como un método relativamente sencillo para medir y mejorar el rendimiento personal así como para asegurar que los objetivos eran constantes a lo largo de la organización.

Un enfoque mucho más complejo para obtener el máximo rendimiento de los recursos humanos está ahora firmemente arraigado en empresas de todo el mundo. Se conoce generalmente como Dirección de Calidad Total o DCT (2). Este libro no intentará describir los principios de la DCT con detalle. Baste con decir que una empresa debe encontrar algún método para satisfacer las demandas de mayor participación en la toma de decisiones y en el establecimiento de objetivos de sus empleados. Debe estimular las comunicaciones de doble sentido, e incrementar la cooperación y el compromiso para lograr objetivos que hayan establecido las propias personas para sí mismas. Un buen sistema permitirá la comunicación de los objetivos de la compañía a todos

(1) Management By Objectives (MBO).
(2) Total Quality Management (TMQ).

los niveles de la estructura de la organización. De hecho, las ideas estimulantes y las nuevas sugerencias surgen siempre más fácilmente de los directivos medios y de su personal. La alta dirección está con frecuencia demasiado preocupada con las crisis de dirección, la formulación de políticas y estrategias, y en ocasiones con la despiadada competencia en la compañía, para dedicar atención suficiente a las funciones primarias y a las actividades de planificación de la empresa. La teoría aceptada hoy en día es que los objetivos de la compañía y los objetivos de las personas en una organización deben ser en cierto modo tratados como un sólo concepto.

Los japoneses empezaron a aplicar por primera vez la DCT de forma significativa justo después de la Segunda Guerra Mundial, y han obtenido resultados espectaculares. En el libro *In Search of Excellence* (En busca de la excelencia) se cita el siguiente comentario: «El problema de la productividad no es tan esotéricamente japonés como lo es simplemente humano... la lealtad, el compromiso mediante la formación eficaz, la identificación personal con los éxitos de la compañía y, sencillamente, la relación humana entre el empleado y su supervisor». Los autores, Thomas J. Peters y Robert H. Waterman, Jr., citan también a Kenichi Ohmae, jefe de la oficina de McKinsey en Tokio: «Una compañía bien dirigida confía profundamente en las iniciativas individuales o de grupo para la innovación y la energía creativa. El empleado (japonés) individual es utilizado en toda la extensión de su capacidad creativa y productiva».

Éstos y otros descubrimientos atribuyen la mayor parte del éxito japonés en los negocios a las manifiestamente superiores técnicas de dirección de personal en el trato con los empleados individualmente. Se sabe que el trabajador norteamericano medio es igual de creativo, está igual de cualificado, y tiene los mismos conocimientos que su homólogo japonés. Sin embargo, el directivo medio americano se queda muy atrás en técnicas de supervisión. Sencillamente no es tan eficaz movilizando los recursos humanos de la organización hacia metas y objetivos importantes. La principal responsabilidad de un directivo es obtener resultados específicos con y a través de otras personas. Los estudios muestran que la clave del éxito de las compañías japonesas en los años sesenta y setenta consistió en fabricar productos corrientes extraordinariamente bien. Sólo con esta sólida base pudieron progresar hasta la tecnología punta en los años ochenta y noventa.

Las técnicas interpersonales y las modernas prácticas de dirección necesitan engranarse juntas en un único enfoque que sea apropiado, realista, y eficaz. La conducta positiva asertiva y las personas eficaces que la practican parecen ser las mejor cualificadas para ofrecer una solución. Tal conducta parece apropiada para directivos, supervisores, y empleados por igual. Todos los niveles de la organización necesitan ser eficaces para contribuir al todo.

Un supervisor positivo asertivo encontrará que la mayoría de los conceptos como la DPO y DCT son una natural y lógica extensión de su conducta habitual en la vida diaria. La que ha sido su práctica en situaciones personales y sociales es coherente con y, en efecto, parte integrante de unas prácticas empresariales eficaces y modernas en el trabajo. La definición ampliamente aceptada del concepto de DPO dada por Karl Albrect en su excelente libro, *Successful Management By Objectives* apoya este argumento: «DPO es un patrón de conducta observable por parte de un supervisor... orientando los esfuerzos de las personas de la organización de forma que (mutuamente) logren los objetivos de la organización, a la vez que (mutuamente) obtienen con ello beneficios individuales y profesionales y satisfacción». Sean cuales sean los medios utilizados y se le llame como se le llame, toda organización debe lograr su cometido de seguir siendo competitiva y viable.

Las personas necesitan técnicas interpersonales eficaces

para tener éxito, especialmente a niveles de supervisión. La siguiente es una descripción típica de una conducta «basada en la relación»: Un supervisor eficaz es aquel que logra sus objetivos a través de otras personas y reconoce las aportaciones de éstas. Se da cuenta de que está tan implicado con elementos humanos y sociales en sus relaciones con los empleados en el lugar de trabajo como lo está con elementos de la organización. Se considera a sí mismo un «movilizador» concentrando sus recursos humanos en la solución de los problemas, y comparte tanto los desafíos como los éxitos, por pequeños que éstos sean. Ve su papel como el de un motivador en sus interacciones con otras personas y está siempre luchando para mejorar sus relaciones individuales con los demás compartiendo necesidades y recompensas. Toma la iniciativa en su trabajo aprovechando sin vacilar nuevas oportunidades para resolver problemas tradicionales de forma original, y prevé situaciones de forma que es más un creador de sus circunstancias que una víctima de ellas. Confía en su capacidad para realizar su trabajo, defiende un enfoque positivo en la solución de problemas, y acepta los riesgos como un elemento normal tanto en la resolución de problemas como en el establecimiento de objetivos. Practica una dirección de alto rendimiento y con ello estimula el rendimiento de alto nivel. En una frase, da el ejemplo apropiado. Un supervisor eficaz no tiene miedo a mantener reuniones de personal regularmente y hacer la siguiente pregunta: «¿Qué tal lo estoy haciendo como vuestro jefe?». En reuniones individuales, sondea a cada empleado para averiguar qué le ayudaría a sentirse motivado en el trabajo. Para uno, puede ser un pequeño despacho; para otro, que le paguen un curso nocturno; o para otro, la posibilidad de salir de la oficina temprano los viernes por la tarde. Algunos empleados valorarían mucho un incentivo económico en forma de un plus en Navidad o justo antes de las vacaciones de verano.

Lo importante es que el supervisor eficaz no adivina las

motivaciones básicas de su personal. Las busca, e intenta cumplir lo pactado para el mutuo beneficio del empleado y de la organización por igual. ¡Demuestra que se preocupa! Un supervisor eficaz también sabe que las personas mejoran en todo cometiendo errores y con práctica. La mayoría de las técnicas se adquieren con el tiempo. Espera y respeta los errores, los suyos y también los de los demás, como lo que realmente son: intentos de hacer algo útil. Reconoce que los errores son un medio para un fin, no un fin en sí mismos. Sabemos que una persona inteligente aprende de sus errores, mientras que una persona prudente aprende de los errores de los demás. Sólo un cobarde no comete error alguno.

La motivación en el lugar de trabajo tiene un importante elemento adicional para las personas que los otros tres ruedos de la vida no tienen en la misma medida: la cuenta de resultados de la organización. Esta implica una lista de objetivos importantes para la compañía. La cuenta de resultados entre un supervisor inmediato y cada empleado implica objetivos acordados mutuamente que afectan a su campo de actividad. Propiamente definidas y llevadas a cabo, el logro de todas estas cuentas de resultados individuales aumentará la cuenta de resultados de la organización, y todos ganarán. Estos objetivos deben ser breves y específicos, y no deben ser confundidos con las responsabilidades principales del puesto de trabajo de la persona.

Para demostrar lo importantes que son estos objetivos en la relación supervisor inmediato-empleado, consideremos el deporte favorito de América. ¿Se ha preguntado usted alguna vez por qué los jugadores de béisbol y los aficionados al béisbol se muestran tan entusiasmados por su deporte? El juego se concentra alrededor de la base del bateador donde éste sabe exactamente lo que está intentando hacer: ¡obtener un «hit» y correr hasta la primera base! Sabe que ese es su objetivo, su entrenador sabe que ese es su objetivo, y todos los jugadores y todos los aficionados lo saben. Durante el transcurso de un partido, el bateador espera tener tres o cuatro turnos con el bate y entiende que tiene tres «strikes» en cada ocasión para obtener un «hit». También sabe instantáneamente cuándo ha tenido éxito o cuándo ha fracasado, pero nunca se hace hincapié en los fracasos porque ¡el objetivo del juego es obtener un «hit»!

Cuando lo logra, todos se dan cuenta y todos aplauden con entusiasmo. Este refuerzo positivo de su capacidad para tener éxito le sirve de estímulo para seguir intentándolo por muchas veces que falle. Aunque el árbitro grite, «¡Tres 'strikes', eliminado»! el bateador piensa, «Tres 'strikes', ¡gano porque volveré!». El bateador se siente automáticamente motivado por su entorno, en este caso el estadio de béisbol, para concentrarse en sus éxitos en lugar de hacerlo en sus fracasos. La confianza se crea sobre la experiencia del éxito.

Ahora póngase usted en la situación del «supervisor-lanzador» inmediato. Está usted realizando sus lanzamientos, y controla la complejidad del juego para su «empleado-bateador». En primer lugar, se asegura usted de que éste conoce todas las reglas del juego y de que sabe en qué debe concentrarse. Trabaje con él poniendo esto por escrito, y haga que él esté de acuerdo con ello. Ahora empieza usted el partido efectuando los lanzamientos con seguridad y ajustados, directos a la base del bateador, ¡pero no lance ninguna bola rápida, curva, o baja! Busque la consistencia y el juego limpio. Usted quiere que él tenga éxito; usted quiere que él se concentre en sus éxitos; y usted quiere que él se sienta motivado por su propio bien y por el de la organización. Su objetivo es conseguir que esta persona se sienta lo más cómoda posible «obteniendo 'hits'», de forma que espere tener éxito todo el tiempo.

Cuando usted ve que él tiene éxito, su propio éxito se ve reforzado también porque está usted logrando algo bueno como profesor. La mayoría de las personas necesitan que alguien les enseñe cómo tener éxito en la vida. Al empezar el partido, usted puede realizar algunos malos lanzamientos (sin querer, por supuesto), y su «empleado-bateador» se sonreirá encantado. ¡Se da cuenta de que su jefe no es perfecto! Pero en realidad están ambos riéndose un poco uno del otro porque al principio, a su «empleado-bateador» también le costará obtener un «hit». Su trabajo consiste en hacer que él se sienta cómodo en la base, y en hacerle ver de forma constructiva qué es lo que está haciendo mal para que pueda tener éxito. De está forma, ambos formarán parte de un equipo eficaz.

Un supervisor puede obtener el equipo que necesita siendo él mismo un jugador de equipo. La mutua motivación conduce a una continua automotivación, y la organización gana con un rendimiento mayor. El refuerzo positivo por un trabajo bien hecho es algo muy parecido a «¡nada tiene éxito como el éxito»! Los investigadores han descubierto que un factor fundamental entre las personas motivadas es la propia percepción de que están, de hecho, «haciéndolo bien» según un cierto criterio interno. Un «supervisor-lanzador» eficaz se esforzará para asegurarse de que el criterio interno de su «empleado-bateador» es lo más coherente posible con los objetivos de la organización. En la vida, como en el deporte, si vas a jugar el partido, tienes que jugar para ganar. Al final, es más importante haberse esforzado para ganar que el hecho en sí de ganar o no. Un ganador preferirá intentar tener éxito y fracasar que no hacer nada en absoluto y tener éxito.

La necesidad de productividad

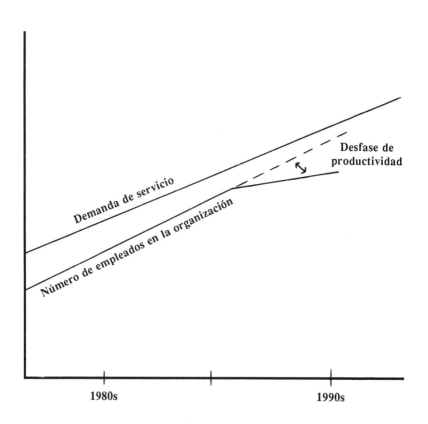

¡Trabajo en equipo que realmente funciona!

La naturaleza nos ofrece este extraordinario ejemplo de trabajo en equipo, el cual es también una de las historias clásicas de Zig Ziglar:

¿Ha observado usted alguna vez una bandada de gansos canadienses volando por encima de su cabeza? Observará tres cosas interesantes:

1. Siempre vuelan en una característica formación en V.
2. Una pata de la V es siempre más larga que la otra.
3. Los gansos suben desde la parte trasera hasta el frente para tomar el relevo en la posición de cabeza.

El ganso que está en cabeza establece el rumbo para el grupo. Como está sólo al frente, crea un vacío parcial en los extremos de las alas, lo mismo que los demás gansos de la fila. Al luchar contra el fuerte viento en contra, el que está en cabeza se cansa más rápidamente que los demás gansos. Para mantener la velocidad, otros ascienden para reemplazarlo. Se ha descubierto en ensayos en el túnel del viento que, debido a la formación en V, una bandada de gansos puede volar ¡un setenta y dos por ciento más lejos que un ganso volando sólo con la misma cantidad de energía!

¿Se ha preguntado usted alguna vez por qué una pata de la V es más larga que la otra? ¡Porque en una hay más gansos que en la otra!

CAPÍTULO 7

DEJE QUE SU MENTE TRABAJE PARA USTED EN LUGAR DE CONTRA USTED

*Las ilusiones que vemos son
lo que nosotros hacemos que sean.*

*Un hombre sabio es dueño de su mente,
un tonto es su esclavo.*

*Aquel que sueña y actúa según su sueño
se asegura un apasionante futuro.*

Cómo trabaja la mente

Entender el funcionamiento de la mente humana no es una ciencia exacta, sino una tarea fascinante. En el intento, nos vemos forzados a contemplar cómo, de hecho, contemplamos. En otras palabras, le pedimos a nuestro mecanismo interno que se repliegue en sí mismo para analizarse y comprenderse. Es un poco como pedirle a nuestra mano derecha que coja nuestra mano derecha.

Las investigaciones sobre las funciones de los dos hemisferios cerebrales revelan que en la mayoría de las personas la mitad izquierda es la parte dominante, directriz, y la que controla el pensamiento analítico, lógico, y racional. Saca conclusiones específicas sobre los datos que se le introducen basándose en un orden lógico, como sí/no, continuar/parar, correcto/incorrecto, etc. La mitad derecha está subdesarrollada en comparación con la izquierda, y, además de las funciones corporales normales, es responsable de la intuición, la creatividad, y la imaginación. Es la parte no verbal de nuestro cerebro, y trabaja con imágenes y combinaciones de ideas. El hemisferio derecho está subdesarrollado simplemente porque está infrautilizado. No nos hemos entrenado para explotar consciente y expresamente todo su potencial.

Es inconcebible que un mecanismo tan poderoso exista con la sola finalidad de realizar funciones corporales básicas que son sólo accesorias para la vida. Aquellos que han estudiado la mente humana creen que sus poderes en realidad son infinitos. En efecto, si existe alguna limitación, son las personas las que se las imponen a sí mismas. Albert Einstein, quien poseía una de las mentes más fabulosas de todos los tiempos, estimaba que el hombre utiliza aproximadamente sólo las dos décimas partes del uno por ciento de su capacidad intelectual. Esto no debería sorprendernos cuando nos damos cuenta de que la gente pasa el 99,9 por ciento de su tiempo pensando de la misma forma que lo hicieron ayer. Continúan actuando, día tras día, basándose en las actitudes mentales habituales que han adquirido con el tiempo, las cuales están grabadas en sus memorias como la música en una cinta magnetofónica.

En realidad, la mayoría de las personas no piensan en absoluto, simplemente responden volviendo a poner su vieja cinta. Conocemos mejor los dos hemisferios por las expresiones mente *consciente* (hemisferio izquierdo) y mente *subconsciente* (hemisferio derecho). Aunque, de hecho, constituyen una sola mente, es útil distinguirlas. La primera se encarga principalmente del pensamiento racional en tiempo real, mientras que la segunda actúa como un banco de memoria automático orientado hacia un objetivo. Este banco de memoria opera sobre los datos introducidos por la experiencia consciente en forma de ideas, creencias, opiniones, y acontecimientos. Esta experiencia pueden ser auténticos acontecimientos de la vida real, o acontecimientos artificiales, imaginados. Juntos, constituyen nuestro propio ordenador personal incorporado; y trabajan básicamente de la misma manera. Todavía no se ha construido uno, sin embargo, que sea tan hábil o tan poderoso como la mente humana. Podemos decirle a nuestra mente subconsciente que resuelva un problema, pero un ordenador fabricado por el hombre no puede hablarse a sí mismo; necesita instrucciones de un operador externo independiente de él. Nuestras mentes consciente y subconsciente operan cada una de forma diferente, de forma completamente separada y única, y por supuesto en completa armonía una con la otra.

El pensamiento racional opera mejor en el presente alrededor de un marco de 24 horas y sólo puede concentrarse eficazmente en una sola cosa cada vez. En otras palabras, procesa datos secuencialmente. El pensamiento racional consciente «experimenta», recopila información, evalúa, selecciona objetivos, y asigna tareas al banco de memoria para ser procesadas. El término *racional* se utiliza en el sentido de lógico, razonable, y previsible. Por otra parte, la mente subconsciente funciona automáticamente por sí misma, pero recibe todos sus datos del pensamiento consciente. No puede plantearse un problema a sí misma, no tiene imaginación, y confía totalmente en información previamente almacenada. Sin embargo, sólo la mente subconsciente puede producir ideas y soluciones creativas. No pueden ser empujadas hacia afuera mediante un esfuerzo consciente.

La clave para estimular el pensamiento creativo es aprender cómo permitir al subconsciente «dejarse ir», permitiendo así que las ideas y conceptos creativos se amontonen en el nivel consciente. Esto no es tarea fácil, pero la técnica puede ser desarrollada con la práctica regular y utilizada con fines específicos. Por ejemplo, todo compositor, artista, y escritor utiliza esta infinita fuente de sabiduría para producir nuevos conciertos, cuadros, y novelas. El mayor factor inhibidor es el dominante hemisferio izquierdo.

Nuestro sistema educativo, de hecho toda nuestra cultura occidental, ha dado como resultado que el hemisferio izquierdo se convierta en la unidad central de proceso para toda nuestra actividad intelectual. Al estar orientada al lenguaje, y ser más verbal, lógica, y práctica, la utilizamos la mayor parte del tiempo durante nuestras horas de vigilia. Simplemente permitimos que nuestro espacio mental esté totalmente lleno y preocupado con pensamientos conscientes que nos hagan pasar cada día.

Existen métodos probados para explotar la reserva interna de nuestro subconsciente, los cuales requieren introducirse en la oscuridad o estado «alfa» de las ondas cerebrales. La técnica implica disminuir conscientemente la actividad cerebral hasta un nivel muy inferior de excitación y consciencia. Como el hemisferio derecho disfruta de una banda de frecuencias más amplia, sobre la que mantiene su normal funcionamiento, continuará operando cuando la parte izquierda del cerebro haya sido apaciguada y puesta a dormir. Este nivel de baja actividad del estado alfa permite que la creatividad, similar a los sueños, del hemisferio derecho fluya libremente hasta el nivel consciente.

Las técnicas de relajación, tales como la creación de imágenes y la meditación, son necesarias para facilitar este increíble efecto. Nuestro mecanismo del éxito subconsciente, utilizado de esta manera, es una herramienta poderosa y apasionante, y ha producido resultados sorprendentes a lo largo de la historia. Muchos grandes inventores, incluido Thomas Edison, lo utilizaron para solucionar problemas que su mente consciente no podía resolver. Eran capaces de contactar con sus procesos subconscientes y de dejar que la información en forma de palabras e ideas se integrara y embelleciera en refinadas imágenes y conceptos.

La experiencia es más frecuente justo antes de despertarse y de quedarse dormido. Con un fin específico en mente, los practicantes experimentados han sido capaces de tomar un caleidoscopio de datos dispares y transformarlos en una solución válida para un problema concreto. Benjamín Franklin, él mismo prolífico inventor e innovador, desarrolló su propio método particular para apaciguar sus hemisferios. Se acomodaba en su silla favorita y se relajaba hasta el punto de somnolencia para alcanzar un estado mental creativo. Mientras tanto, sostenía en su mano una bola de metal, o una piedra, por encima de un plato colocado en el suelo, para asegurarse así de que se despertaría en el mismo momento en que se quedase dormido. De esta manera, descubrió que hay una realidad más allá de nuestra arraigada estructura de la realidad, que se encuentra en nuestro subconsciente. Aprendió cómo explotar lo que podríamos llamar la sabiduría universal, y aplicó ésta a los muchos trabajos literarios y científicos que le absorbieron durante el curso de su larga vida.

El pensamiento consciente es el operador de nuestro cerebro electrónico y actúa como esponja y filtro a la vez. Absorbe todo lo que nos sucede, pero también interpreta todos los datos antes de permitir que pasen a nuestra mente subconsciente. La memoria queda registrada cuando nuestras experiencias se graban electrónicamente en los engramas de nuestra mente. Introducimos datos a través de nuestros cinco sentidos: vista, oído, olfato, gusto, y tacto, y esta información forma luego la base de nuestras estructuras de la realidad individuales. Se estima que nuestro cerebro puede almacenar varios miles de millones de elementos de memoria, cada uno con un formato tridimensional: el componente idea, el componente imagen, y el componente emocional.

Con respecto a los datos externos, a veces nos permitimos a nosotros mismos percibir en términos ilusorios sin ser conscientes de ello. «La gente ve lo que necesita ver», dicen el psicólogo Gary Steine y el sociólogo Bernard Berelson en su excelente libro *Human Behaviour: An Inventory of Scientific Findings*. «La pupila del ojo se dilata espontáneamente al contemplar cosas agradables y se contrae ante las desagradables. Monedas de exactamente el mismo tamaño parecen más grandes a los niños pobres que a los ricos». Steiner y Berelson concluyen, «El hombre moderno tiene un enorme talento para distorsionar la realidad por necesidades psicológicas. ...Piensa aquello que encaja en sus deseos, dice lo que agrada a sus semejantes, evita conflictos, y protege sus neurosis; si se ve amenazado por la desilusión, sencillamente se desliza hacia la fantasía, y la realidad paga el precio». Actúa dentro de los confines de su zona de bienestar.

Las personas no siempre somos criaturas lógicas. Hay criaturas emocionales, a menudo llenas de prejuicios y motivadas por falsas percepciones, orgullo, e incluso vanidad. Cambiar las falsas percepciones requiere un esfuerzo sincero y consciente. El resultado es un perfil actitudinal coherente con el logro de objetivos y aspiraciones individuales.

Como hemos explicado, una función clave del operador es introducir datos en la mente subconsciente. Recuerde que esto puede hacerse con experiencias reales o artificiales, que representan sus elementos de programación. Sabemos que sólo el pensamiento consciente puede introducir en la mente subconsciente datos artificiales basados en la imaginación o en técnicas de formulación de imágenes, y que sólo la mente subconsciente puede procesarlos y producir los resultados deseados.

A diferencia del pensamiento consciente, varios problemas pueden ser asignados a su banco de memoria al mismo tiempo, y todos pueden ser procesados juntos. Sin embargo, los problemas que usted conscientemente decida que tienen prioridad serán procesados en primer lugar.

Su mente subconsciente piensa principalmente en términos de objetivos y resultados. Una vez que haya identificado usted el objetivo, puede depender de ella para que le conduzca a él con mucha más precisión y creatividad de lo que podría hacerlo usted mediante el pensamiento consciente. Decida conscientemente el objetivo, y su mente subconsciente proporcionará automáticamente los medios creativos para lograrlo alumbrando las farolas a lo largo del camino. Su fe activará sus poderes creativos.

Este mecanismo creativo funcionará sólo si usted piensa en el resultado final en términos de posibilidad en el presente. La posibilidad del objetivo debe ser imaginada con tanta claridad que su cerebro la acepte como real, tan real, de hecho, que usted experimente las mismas emociones que experimentaría si ya hubiera logrado el objetivo. Recuerde que su mente subconsciente no puede diferenciar entre un acontecimiento real y uno imaginado. Los estudios así lo confirman. Si se imagina usted a sí mismo pronunciando un discurso en su mente con todo detalle diez veces, será usted tan eficaz cuando finalmente lo pronuncie como si ya lo hubiera pronunciado diez veces en la vida real. La ciencia médica también ha descubierto que en términos de capacidad, nuestro cerebro contiene más de trece mil millones de células, un diez por ciento de las cuales están dedicadas a la actividad del pensamiento consciente y un noventa por ciento al subconsciente.

No utilizando su mecanismo del éxito subconsciente en toda su capacidad, está usted dejando de utilizar hasta un noventa por ciento de sus poderes mentales. Trabajando con imágenes, está usted empleando el poder de la autosugestión para explotar las aptitudes únicas de su mente subconsciente en toda su extensión. Cuando repetimos nuestras afirmaciones una y otra vez con sincera convicción durante periodos tranquilos cada día, empezamos a formar una impresión auditiva, visual, y emocional de lo que deseamos en la vida. La técnica utiliza el dominante hemisferio izquierdo del cerebro para dar instrucciones al pasivo hemisferio derecho de que absorba los tres elementos de memoria que comprenden cada objetivo que se pretenda, y de que asimile el resultado final deseado de forma que éste se convierta en realizable. Cuando nos imaginamos logrando un objetivo en nuestra mente con la suficiente frecuencia, ¡empezamos a creer que podemos lograrlo en la vida real!

El poder de sugestión puede ser una herramienta muy eficaz para aquellos que trabajan en ventas. Supone la transferencia mental de una imagen de aceptación a un cliente potencial por parte del vendedor. ¡Simplemente dé por sentado que el comprador hará lo que usted quiere que haga! Emplee esta técnica de expectativa optimista. Por supuesto, debe usted conocer su producto o servicio, creer en su valor, y vender esa imagen a su cliente en términos que satisfagan las necesidades de éste. El posible cliente aceptará conscientemente su imagen positiva de confianza en sí mismo y de fe, y esta aceptación será automáticamente transferida a su subconsciente. Como resultado, al comprador no le están «vendiendo», sino que está vendiendo él mismo.

Esta técnica es similar a la publicidad subliminal, mediante la cual los anuncios buscan despertar los deseos ocultos del subconsciente. Sin duda, muchos han utilizado este poder para mal en lugar de para bien en la historia de la humanidad. Sin embargo, si más personas positivas asertivas pudieran ser persuadidas de utilizarlo para bien, el mal sería extirpado del mundo por el puro peso de la superioridad numérica.

Estamos ya programados para el éxito por nuestro ordenador personal incorporado. Sólo tenemos que aprender a pulsar los botones adecuados. Deje que el pensamiento positivo trabaje para usted de esta manera. Recuerde, el pensamiento consciente requiere un esfuerzo consciente mientras que la mente subconsciente trabaja automáticamente porque siempre está conectada. No está limitada por el tiempo o el espacio.

Examinemos más de cerca el cerebro humano, ese milagro de kilo y medio que llamamos el asiento de la mente. El mapa del cerebro puede dividirse en tres zonas principales, dispuestas de forma similar a las capas de una cebolla. En el centro, conectado a la parte superior de la columna vertebral, se encuentra el tronco cerebral. Rodeándolo está el sistema límbico, luego la corteza. Los tres participan en las funciones cognitivas, a diferencia del cerebelo, que está en la parte inferior trasera del cerebro. Se ha señalado que el cerebro contiene hasta un billón de neuronas; cada neurona tiene hasta diez mil ramificaciones o canales que la conectan con otras neuronas. Es un prodigio de microcircuito.

Especial interés tiene nuestro «interruptor» cerebral interno, conocido como sistema activador reticular (1), o SAR, descubierto en 1947. El SAR tiene aproximadamente 10 centímetros de largo y el tamaño aproximado del dedo meñique de una persona. Es la única parte del cerebro que está conectada a todas las demás partes del cerebro y del resto del cuerpo. Como interruptor del cerebro, el SAR es responsable de nuestra conciencia y percepción de nuestro entorno, y de nuestra capacidad de pensar y concentrarnos. Lleva a cabo la función única de filtrar todos los datos sensoriales que le llegan y decidir a cuáles se les permitirá dejar una huella en nosotros.

En otras palabras, como sistema de valoración cognitiva para nuestra mente, interpreta toda la información que recibimos del mundo exterior y decide su aceptación o rechazo. Es también el mecanismo activador de nuestra fuerza de voluntad y de nuestra imaginación. Puede usted reconocer su papel con facilidad si se detiene y piensa un momento mientras lee este libro. ¿Qué otros sonidos, actividades, y distracciones están teniendo lugar en este momento? Es interesante que seamos capaces de ignorar ciertos estímulos externos y concentrarnos en aquello que es importante para nosotros en este preciso momento. Somos en cierto modo capaces de distinguir entre elementos de información exter-

---

(1) Reticular activating system, RAS.

na relevantes e irrelevantes mientras realizamos una función específica mediante la concentración.

Por ejemplo, es probable que el timbre de la puerta o del teléfono hagan que su SAR preste atención, mientras que el aparato de música, la televisión, o el juego de los niños no le distraerán, siempre que no hagan demasiado ruido. Puede verse ahora cómo, inconscientemente, nuestro «interruptor» SAR nos ayuda a ser productivos porque todo logro es el resultado de la concentración del esfuerzo. Sin embargo, esta fuente de poder puede también ser explotada conscientemente con una conducta positiva asertiva, dando como resultado la solución creativa de los problemas y un pensamiento positivo.

Nuestro subconsciente es la parte de nosotros que nunca duerme, manteniendo constantemente nuestro corazón latiendo, nuestros pulmones respirando, y nuestro estómago digiriendo alimentos. Pero si permitimos que cualquier acontecimiento o circunstancia, real o imaginado, nos altere, nuestro pulso aumentará, nuestra respiración se acelerará, y se nos hará un nudo en el estómago. Estamos conscientemente dejando que nuestro pensamiento interfiera en lo que nuestro subconsciente hace mejor: cuidar de nuestro cuerpo. No podemos tener pensamientos desagradables y nerviosos y esperar sentirnos bien. Sólo la percepción consciente de sí mismo y de los acontecimientos externos bajo una luz positiva permitirá a su subconsciente crear emociones positivas en usted que a su vez le permitirán ser una persona más eficaz. Debe estar usted relajado para formular conscientemente imágenes positivas. Las imágenes positivas crean conducta positiva, y la conducta positiva le convierte en una persona más eficaz y con más éxito.

La conducta apropiada, el pensamiento racional, y el uso apropiado de su ordenador personal contribuirán a reducir el estrés en su vida. Aventúrese en una nueva actitud. Olvide su actual forma de ver la vida y considere alguna forma original de pensar que cuestione presunciones previas. Aquí hay unos consejos sobre su actitud:

1. Preocúpese por las decisiones sólo antes de tomarlas, en otras palabras, en el momento de la evaluación. Una vez tomada la decisión, no mire nunca atrás.

2. No sature sus circuitos. Concéntrese en un solo problema cada vez en el orden de prioridades que corresponda a sus necesidades actuales.

3. Viva el momento. Utilice su mente consciente para concentrarse en problemas en el presente.

4. Programe problemas que requieran soluciones creativas en su banco de memoria. Luego relájese y deje que el poder de su mente subconsciente se ponga a trabajar para producir soluciones.

5. No espere resultados instantáneos. Por ejemplo, uno adquiere una nueva imagen positiva de sí mismo introduciendo cuidadosa y conscientemente nuevas creencias sobre sí mismo y su mundo en su banco de datos electrónico. Esta nueva imagen de sí mismo evolucionará automáticamente con el tiempo, siguiéndole un cambio de personalidad y de conducta.

6. Sepa escuchar. Permanezca tranquilo pero alerta mientras asimila la esencia de lo que otros le dicen, y preste atención a su lenguaje corporal. Mire siempre a los ojos.

7. Evite introducir datos inexactos en su banco de memoria. Las falsas expectativas están basadas en datos falsos. Aprenda a escuchar y a comunicarse eficazmente, y pregunte cuando tenga dudas.

8. No levante barricadas mentales. Mantenga una mente abierta en lugar de lanzarse a una conclusión basada en prejuicios.

9. Piense que lo que tiene que hacer es sencillo, y lo será.

No es su trabajo, sino su percepción de su trabajo lo que puede causarle dificultades.

10. Maximice conscientemente los datos positivos de su entorno y minimice los negativos. Su actitud y su salud mental pueden medirse por su disposición a encontrar algo bueno en todas partes.

11. Recuerde, su mente está orientada hacia la obtención de resultados. Por eso tiende usted a olvidar las malas experiencias y a recordar sólo los éxitos y los buenos momentos. Explote esta tendencia para relajarse al menos dos veces al día trayendo a su memoria recuerdos agradables.

12. Comuníquese y cultive su relación con su cónyuge como si esta persona fuera su mejor amigo. El afecto compartido es una de las principales fuentes de felicidad en la vida.

13. Aprenda a dejar que su mente subconsciente produzca ideas para usted y trabaje para resolver los problemas de mañana, mientras usted se ocupa conscientemente de los de hoy.

14. Si se siente inquieto por una próxima reunión o discurso, imagínese viviendo el acontecimiento varias veces en su mente con tanto detalle como pueda. Llámelo un ensayo general mental. Estará mejor preparado para el acontecimiento real y se sentirá más seguro de sí mismo.

15. Introduzca conscientemente nuevas imágenes en su mente subconsciente, y mañana no será una repetición de hoy o de ayer.

16. Desarrolle patrones de trabajo-distracción. Después de un periodo de concentración y esfuerzo en casa o en la oficina, tómese un descanso expresamente para relajarse.

17. Una el poder intelectual a la generación de ideas con un grupo de amigos y socios que le apoyen. Empiecen por hacer una lista con todas las soluciones posibles a un pro-

blema, y, sólo entonces, evalúen seriamente las virtudes de cada opción. Las opiniones de cada persona estimularán el razonamiento de las demás. Esto es pensamiento positivo en grupo.

18. Nunca personalice sus errores. Un error es un accidente y no tiene relevancia para usted como persona.

19. Emplee la fórmula para el éxito de las «necesidades compartidas» en sus encuentros con otras personas cada día. En una atmósfera de respeto mútuo dos personas pueden concentrarse más eficazmente en problemas específicos.

20. Decida tomarse dos días libres de preocupaciones en el presente. ¡Haga que uno de esos días sea ayer y el otro mañana!

21. En cada encuentro, recuerde que probablemente hay una cosa que usted hace mejor que la persona con la que está hablando, y que probablemente hay una cosa que esa persona hace mejor que usted. Por tanto, nunca debe sentirse inferior a una persona de categoría superior, y nunca debe actuar con superioridad ante una persona de categoría inferior.

22. No intente hacer demasiado a un tiempo. Divida el trabajo en porciones «masticables». Un libro se escribe escribiendo capítulos; los capítulos se escriben escribiendo párrafos; los párrafos se escriben construyendo oraciones; las oraciones se construyen seleccionando palabras. Este proceso de reducción a fragmentos comprensibles es un ejemplo de pensamiento positivo. ¡Un libro se escribe simplemente seleccionando palabras!

23. Tenga siempre un proyecto personal entre manos, algo en lo que tenga un gran interés. Estimulará su mente y le ayudará a relajarse.

24. Elija un modelo de conducta específico que maximice mejor su eficacia, y téngalo visualmente siempre en

mente. De esta forma, se sentirá estimulado para seguir intentando con fuerza emular a su «héroe».

25. Encuentre un «gran objetivo» que de un modo u otro no le deje solo. Organice un plan de acción en pequeños proyectos que le conduzcan a lograr ese gran objetivo. Un primer paso hacia el éxito es decidir qué cosas son las que le encanta hacer, y luego hacerlas con total convicción. Intente convertirse en el mejor en algo en lo que esté verdaderamente interesado.

Compare los resultados producidos por el uso claro, activo, y práctico de sus mentes consciente y subconsciente con el pensamiento confuso, pasivo, e irracional en el presente y con el uso ineficaz de su mente subconsciente. Los sentimientos positivos, tales como la gratitud, la confianza, la empatía, y el respeto generan energía, mientras que los sentimientos negativos, como los celos, la hostilidad, la ira, y la venganza producen una disipación de la energía. La ciencia médica ha confirmado este hecho con estudios que demuestran que consumimos tres veces más energía de la normal cuando estamos preocupados o enfadados. ¡Adopte una actitud emocional razonable ante la vida, y será capaz de conservar su energía y dirigirla hacia fines más productivos!

La humanidad anduvo dando traspiés durante mucho tiempo sabiendo que poseía un cerebro «pensante», pero sin saber cómo controlar sus procesos del pensamiento. Muchos descubrimientos en el pasado fueron resultado de puros accidentes. Hoy en día, sin embargo, sabemos que podemos condicionar nuestro cerebro para que cumpla nuestros mandatos; podemos manejar y controlar este recurso igual que cualquier otra herramienta. Pero no es un simple mecanismo. ¡Es el ordenador más compacto y más poderoso jamás inventado! Se está convirtiendo rápidamente en la nueva frontera para una creciente exploración.

Grandes sueños

Dos hombres estaban probando su suerte pescando en un remoto y desierto lago canadiense. Uno de ellos bostezó, estiró sus brazos, y suspiró: «¡Chico, acabo de soñar que podía pescar mil truchas!».

El otro pescador preguntó: «Pierre, si cogieras mil truchas, ¿me darías la mitad?».

«¡No señor, no lo haría!».

«¿Me darías la cuarta parte?».

«No, no te daría la cuarta parte».

«Pierre, si cogieras mil truchas, ¿no me darías al menos diez?».

«No, no te daría ni siquiera diez».

«Bueno, ¿no me darías al menos una maldita trucha?».

«No, Louis, no te daría ni siquiera una maldita trucha si cogiera mil».

«Pero ¿por qué no, Pierre? Pensaba que eras mi amigo».

«Porque, Louis, ¡eres tan condenadamente perezoso que no eres capaz de soñar por ti mismo!».

La moraleja de esta historia es: ¡No vayas a remolque del sueño de otra persona! ¡Encuentra uno por ti mismo!

CAPÍTULO 8

SEA FELIZ CONSIGO MISMO Y CON SU ENTORNO

*Tanto la felicidad como el éxito son un proceso
y no un fin en sí mismos.*

*Su voz interior le guiará a lo largo del
camino hacia una mayor felicidad y hacia el éxito
cuando usted crea que es capaz
y digno de ello.*

*¡Nadie debe disculparse por
querer ser feliz!*

La felicidad es un estado mental

La felicidad consiste sencillamente en tener pensamientos agradables. Por supuesto hemos aprendido que lo contrario también es verdad: ¡tener pensamientos agradables le hará feliz! La felicidad es una actitud mental adquirida.

La felicidad es un poco como el chocolate caliente: ¡cuando te apetece un poco, puedes hacerlo! Es un hecho médico que cuando somos felices pensamos mejor, nos sentimos mejor, rendimos más, y estamos más sanos y más relajados. Las personas felices no tienen tendencia a causar daños físicos o mentales a otras personas.

Los pensamientos agradables sólo puede producirlos el pensamiento racional en el presente. Debe usted ser feliz

101

ahora, ya que esperar ser feliz en el futuro es simplemente una ilusión. Aplazándolo, se está usted engañando a sí mismo con respecto a lo que puede lograr en el presente.

Si piensa usted en ello, se dará cuenta de que la felicidad es en realidad una elección: una opción disponible para todos nosotros. Practicada como un hábito diario, capacita a la persona para estar por encima de los pequeños problemas de la vida diaria, dejando libre un valioso tiempo y energía para actividades más importantes.

Conseguimos la felicidad cuando aprendemos a responder positivamente, en lugar de negativamente, a los problemas y circunstancias diarios de nuestra vida. Adquiera este hábito, y estará usted eligiendo felicidad y entusiasmo en lugar de frustración, abatimiento, y desesperación. Controlará usted sus circunstancias en vez de dejar que las circunstancias le controlen a usted. «¡Hoy sucederán grandes cosas, a pesar de lo que el mundo me haga!», es una buena manera de despertarse cada día.

Aprenda a reaccionar sólo de las formas que conducen a sus objetivos, y entre éstos está incluido el lograr unas buenas relaciones humanas. Decida ser optimista, entusiasta, alegre, agradecido, y amable, y estará dirigiendo más energía y talento hacia el logro de sus objetivos actuales. Decida ser pesimista, negativo, mal educado, irritable, resentido, grosero, y agresivo, y se sumirá usted en las profundidades de la lástima de sí mismo y de la desesperación, y será de poca utilidad para sí mismo, su familia, su organización, o para la sociedad en su conjunto. Una conducta entre estos dos extremos proporcionará las recompensas apropiadas entre estos dos extremos.

Su organización le necesita

Trabaje usted por su cuenta o esté empleado por una organización privada, será usted más valioso para su empresa si ha desarrollado una personalidad eficaz y estimulante, y es feliz consigo mismo.

Toda organización necesita directivos, líderes, y personas eficaces en todos los niveles de su estructura. Tales personas, de hecho, escasean. Los directivos positivos asertivos piensan a lo grande, pero no actúan como peces gordos; actúan seguros de sí mismos, pero no son despóticos; y obtienen resultados sin enfrentamientos. En realidad es más sencillo ser una persona feliz con una personalidad eficaz, sea cual sea su actividad u ocupación en la vida, porque se recogen los beneficios a cada paso del camino.

Como en todo lo que hacemos, tiene que haber algunos riesgos. Por una razón: hay que aprender a manejar todas las recompensas. Algunas personas tienen miedo al éxito y a toda la atención que puede traer consigo. Olvidan que ser feliz es ya un éxito importante en sí mismo, y que llevando consigo una sonrisa, a lo único que se arriesgan es a que los demás también les sonrían. Otros temen cometer errores o ser criticados por sus compañeros y amigos que no aspiran a las mismas metas e ideales. Nadie debe disculparse por desear ser feliz. Si estas falsas percepciones son el único precio del éxito para usted, debería pensar más en las recompensas.

La derrota es sólo una actitud de la mente. Aprenda de sus errores y continúe avanzando. No estará derrotado mientras no acepte la derrota como una realidad, y decida dejar de intentarlo. La gente le puede desanimar; la gente puede reírse de usted; pero sólo usted puede acabar con su sueño y abandonar.

Hemos hablado de nuestros pensamientos, y hemos demostrado que nos convertimos en aquello en lo que pensamos. Si tiene usted pensamientos positivos, será usted positivo; si tiene pensamientos felices, será usted feliz; y si tiene pensamientos entusiastas, será entusiasta. De esta forma, controla usted sus emociones y su estado mental general.

También hemos hablado de utilizar su imaginación y convertirse en el tipo de persona que desea llegar a ser. Simplemente represente el papel con todo detalle e imagine que ya posee los atributos, cualidades, y aptitudes que desesperadamente desea. Puesto que ya se encuentran latentes dentro de usted, emergerán y se impondrán. Debe recordar que la técnica de las imágenes creativas requiere un esfuerzo consciente y sincero, y estar orientada hacia la consecución de un objetivo; mientras que soñar despierto, aunque relajante, es generalmente pasivo, improductivo, e impreciso.

Para aquellos que utilicen la oración y les resulte útil: están en realidad empleando una técnica similar. Una oración escuchada es en realidad la realización de un deseo mental. Una oración es un sincero y sentido deseo de cambio o ayuda para resolver un problema. De hecho, es la armoniosa interacción de las mentes consciente y subconsciente hacia un objetivo común. Pero los poderes de nuestro Creador se encuentran ya en nuestra mente subconsciente, de modo que rezándole a Él está usted hablando a poderes divinos que están ya dentro de usted. Su mente subconsciente aceptará el desafío de considerar su problema, y lo resolverá, sin duda, si usted cree realmente que puede, e imagina con claridad el resultado deseado.

Conducta eficaz

Ahora que ya tiene usted su conducta y su ordenador personal incorporado bajo control, le ofrezco una descripción más detallada de una típica persona positiva asertiva que tiende a ser feliz en su vida y a tener éxito en lo que hace. Si le parece a usted que éste es el tipo de persona que le gustaría llegar a ser, imagínese conscientemente a sí mismo representando ese papel cada día, y crea que puede ser esa clase de persona.

En todo lo que haga dé el ejemplo que quiera que los demás emulen. Parezca importante. Le ayudará a sentirse y a pensar como alguien importante, y le dará seguridad en sí mismo. Pregunte y escuche. Muestre agradecimiento siempre que pueda. Valore más su trabajo y acepte con ilusión la oportunidad de ayudar a la organización de otras formas. Piense en cómo hacer más y en cómo hacerlo mejor. Anime y ayude a los demás a desarrollar y a mejorar sus aptitudes para aceptar mayores responsabilidades. Adopte soluciones innovadoras ante problemas tradicionales. Tome la iniciativa haciendo nuevas amistades. Muestre genuino interés y simpatía por los demás.

Hay otros caminos aparentemente atractivos hacia la felicidad y el éxito. Algunos preferirán tener éxito ahora y preocuparse más tarde por la felicidad. Pero debe usted pensar en la felicidad a lo largo del camino; de hecho, ése debe ser el camino que le ayude a lograr sus objetivos. Ni la felicidad ni el éxito son un lugar; son un proceso, un camino, un estado mental.

Algunas personas ambiciosas están tan ocupadas subiendo hasta la cima que pisotean a todo el mundo a lo largo del camino, incluidos sus compañeros, subordinados, competidores, y, lo más triste de todo, sus familias y amigos. Cuando llegan a la cima, si lo consiguen, miran a su alrededor y descubren que están solos y son desdichados. ¿Justificaba el fin los medios?

Pregunte a las personas que saben. Las personas mayores, volviendo la mirada atrás en sus vidas, darán fe del hecho de que la amistad y el amor deben valorarse por encima de todo. Sus relaciones personales siempre sobresalen como algo que hay que guardar como un tesoro en la vida. Claramente, nuestro creador tuvo algo que ver en nuestros principios morales.

Ahora está usted en disposición de imaginarse a sí mismo como una persona feliz y con éxito. Le hemos sugerido un modelo para que lo considere. Ahora tiene usted ciertas imágenes mentales de sí mismo y de su entorno, y actúa usted como si éstas fueran la realidad, en lugar de su percepción de la realidad. Elija cambiar sus percepciones, y por tanto su realidad, y adquiera así una nueva personalidad, más coherente con sus necesidades de felicidad, determinación, y sentido de realización en la vida.

Meditaciones de un Realista

De hecho la realidad no existe, sólo mi percepción de ella. Por lo tanto, elegiré interpretar los acontecimientos de mi vida de tal manera que seré una persona más feliz y más eficaz.

Mantendré una mente abierta con respecto a mis percepciones de mí mismo y de mi entorno. Controlando mis percepciones, controlaré mis emociones y mi actitud, ganando así seguridad en mí mismo y entusiasmo.

Controlando mis emociones y mi actitud, me controlo a mí mismo y controlo mi entorno. Ahora puedo apuntar más alto en la vida y utilizar los poderes creativos de mi mente subconsciente para que me guíen.

Mi voz interior me conducirá hacia una mayor felicidad y un mayor éxito, ahora que creo que soy capaz y digno de ello.

CAPÍTULO 9

HAGA QUE SU MAYOR DERROTA SEA LA RAZÓN PARA SU MAYOR ÉXITO

Su actitud cuando pierda determinará
el tiempo que le costará volver a ganar.

Si las deja al azar,
sus circunstancias, durante la mayor parte
de su vida, no le entusiasmarán.
Eso dice la ley de los promedios.

Se puede programar la mente subconsciente
con experiencias ganadoras artificiales
tan eficazmente como con experiencias
de la vida real.

Lo que podría haber sido

La mayoría de las personas van por la vida dando muchas cosas por sentadas. Aceptan las vicisitudes de la vida: el dolor, la amargura, y los lamentos como su legítimo destino, preguntándose rara vez si merece la pena pagar ese precio por una satisfacción ocasional, o por qué la paz interior parece quedar siempre fuera de su alcance.

Las personas generalmente esperan tener salud, ser amadas, y disfrutar de la vida. Aunque comprenden que se necesita una buena educación para ascender en las categorías profesionales, la mayoría de las personas suponen

107

que tienen personalidades aceptables, así como aptitudes medias para relacionarse con otras personas y alcanzar un nivel de éxito razonable. En la mayoría de los casos, estas percepciones no se ven cuestionadas por nadie ni por nada, y se convierten en la realidad de cada persona, cuando, por supuesto, no lo son.

No es sorprendente que estas personas demuestren durante sus vidas que sí tienen aptitudes medias para las relaciones humanas, y alcancen un nivel de éxito razonable. Logran justo aquello que esperaban lograr, y se sienten relativamente satisfechos de su destino. Luego se van de este mundo con una buena posición, sin haber considerado realmente «lo que podría haber sido».

En la vida, las personas miran a su alrededor y ven a otras personas que parecen ser más competentes, tener más éxito, y estar más realizadas; pero deciden que esos son los afortunados que nacieron así. Se dicen a sí mismas: otros son así y yo no, y así son las cosas.

Por supuesto, sabemos que las cosas no son así. Las personas que piensan en términos mediocres, acaban siendo mediocres y nunca consideran realmente otras alternativas. Nunca tuvieron que descubrir qué les convirtió en mediocres, y piensan que las cosas salieron así por pura casualidad o por las circunstancias.

Ahora consideremos el caso de una persona mediocre que por una u otra razón sufre una experiencia traumática. Supongamos que a causa de ella pierde una gran parte de su seguridad en sí misma y de su dignidad, y cae en una profunda depresión. Esta es una experiencia relativamente frecuente y puede dejar a un individuo sintiéndose impotente y en un estado de total desesperación. Puede que incluso llegue a pensar que lo más sencillo es acabar con todo. Si de algún modo logra resistir y contemplar su infortunio, se culpará con seguridad a sí misma, culpará a otras personas asociadas con el suceso, y al suceso mismo por su difícil situación. La amargura, el odio, y la ira consumirán su mente. Puede que los amigos íntimos intenten consolarle, pero sus motivos son sospechosos, y sus intentos de acercamiento rechazados. ¿Cómo podrían comprender su situación de todos modos? La persona se retira a su cerrado mundo y nunca se enfrenta realmente a su dilema.

Recuerde que su actitud cuando pierde determina el tiempo que le llevará volver a ganar. A muchas personas les cuesta varios años recuperarse de una fuerte derrota y no se dan cuenta de que un pensamiento racional y claro les podría haber ayudado enormemente a contemplar el suceso desde un punto de vista totalmente diferente. Por alguna razón, una persona no se da del todo cuenta de que está permitiendo que una sola mala experiencia o derrota borre muchos años de buenas experiencias y éxitos. ¡Incluso los jugadores de béisbol no aspiran a obtener una media de bateo superior a 0,5! La mayoría agradecen un éxito de cada tres o cuatro fracasos en la base.

Es importante comprender que los sentimientos de miedo, ansiedad y rencor no son decretados por el destino. No tienen por qué ser su castigo. No representan ni hechos ni verdades absolutas sobre usted, sólo percepciones o conclusiones sobre un hecho que le ha ocurrido a usted. En pocas palabras, son una reacción mental o un impulso ante un acontecimiento externo. Muchas personas actúan incorrectamente con la convicción de que ellas y su fracaso son una y la misma cosa. Deberían pensar que el hecho es sólo un hecho, que ya ha pasado, y que no puede deshacerse, y que pueden aprender de la experiencia para futuras ocasiones.

En tal situación, debe tratar de mantener una mente abierta y reagrupar sus fuerzas. Un buen punto de partida es dar gracias por las bendiciones que ya tiene, que son siempre considerables. La gratitud hará maravillas por su actitud si mantiene una mente abierta.

Intente poner el hecho en perspectiva y no dejar que su

mente se comprometa con ninguna emoción concreta. Acepte el hecho de que aquello ocurrió, y de que no es el fin del mundo. Dése cuenta de que es normal que la gente cometa errores, y si nadie fue herido realmente por el suyo, ¿por qué debería estarlo usted? Así que considérelo parte de la experiencia.

Ningún sentimiento, positivo o negativo, puede ser controlado directamente sólo con fuerza de voluntad. No debe intentar conscientemente que afloren en usted sentimientos negativos, porque, concentrándose en ellos, les da un poder que no merecen. La forma más eficaz de reemplazar sentimientos negativos es concentrarse repetidamente en imágenes positivas, tales como éxitos del pasado. Ello evocará instantáneamente en usted las mismas sensaciones positivas que evocaron las experiencias originales. Una imagen positiva, sea real o artificial, siempre irá seguida por emociones y sensaciones positivas.

El problema al que se enfrenta la persona deprimida es que nunca antes ha tenido que aprender cómo adquirir seguridad en sí misma, ya que ésta fue originariamente adquirida sin ningún esfuerzo consciente por su parte. Ahora que la ha perdido, no sabe cómo recuperarla. En su actual estado mental, con todas sus defensas bajas, puede resultar una tarea formidable.

Ya hemos descrito cómo su actitud es la clave de su personalidad. Cambie su actitud y cambiará su personalidad.

Lo interesante de superar una gran derrota es que los supervivientes aprenden por primera vez a convertirse en personas positivas y seguras de sí mismas mediante el esfuerzo consciente y el pensamiento racional. Ahora pueden utilizar esos conocimientos para alcanzar metas más altas que las que hubieran alcanzado si no hubieran sufrido esa derrota. Se han visto forzados a darse cuenta de que una montaña sólo puede escalarse paso a paso, y de que no pueden controlar sus emociones y circunstancias mediante el esfuerzo consciente. En este caso, el fracaso ha sido una bendición disfrazada. La «víctima» acaba agradeciendo la experiencia, sabiendo que ha adquirido los conocimientos y técnicas necesarios para enfrentarse a los acontecimientos de forma más eficaz en el futuro.

Examinemos el mecanismo que produjo los grandes triunfadores de nuestro tiempo. Un cierto número probablemente alcanzaron sus objetivos, y la riqueza y el reconocimiento que los acompañaban, sin «aprender» conscientemente cómo hacerlo. Fueron los pocos afortunados que crecieron en un ambiente familiar positivo y estimulante y tuvieron experiencias que les ayudaron a adquirir la actitud apropiada y las técnicas de relaciones humanas que labraron sus destinos con éxito. La ley de los promedios siempre favorece a algunos.

Muchos otros, de hecho una gran mayoría, no fueron tan afortunados. Se vieron forzados a aprender el funcionamiento de sus mentes por el camino más difícil, para poder superar los obstáculos que encontraron en su intento de alcanzar la cima. Después de una serie de altibajos a lo largo del camino, descubrieron, y pusieron en práctica, los principios de las buenas relaciones humanas y del desarrollo personal. Lo importante a reseñar es que, de cualquier modo, todos los triunfadores alcanzan las mismas cimas utilizando los mismos mecanismos del éxito, sólo que algunas personas adquirieron sus aptitudes y atributos ganadores de forma natural a través de una educación favorable y de un entorno que les apoyaba, mientras otros tuvieron que desarrollarlos artificialmente mediante el esfuerzo consciente. En ambos casos, sus mentes actuaron en base a la información apropiada que les fue proporcionada sin preocuparse de cómo había sido adquirida.

¡Hay esperanza para todos! Si parece que usted no se está dirigiendo hacia donde desea ir en la vida, no está todo perdido. Sólo necesita programar su mente subconsciente con experiencias ganadoras artificiales, tan eficaces como las experiencias de la vida real. Utilice sus propios recursos, su imaginación y sus conocimientos de esta forma asertiva y resuelta, y concédase éxito usted mismo, en lugar de esperar a que sus circunstancias y su entorno se encarguen de usted.

Su actitud y deseos actuales le han llevado hasta donde se encuentra usted hoy. Su actitud es su reacción ante sus circunstancias, y con demasiada frecuencia sus circunstancias son sus excusas. Recuerde, si las deja al azar, sus circunstancias durante la mayor parte de su vida no le entusiasmarán. De modo que ¡asuma el control! Deje que su imaginación le conduzca a nuevas cumbres, y disfrute del viaje hacia el éxito. Está usted limitado sólo por la ilimitada capacidad de su imaginación.

Cuidado con el Progreso

La mente colectiva del hombre puede empezar a estancarse si éste se deja condicionar y entretener demasiado por las telenovelas y los telediarios. Si se resigna a que le digan qué es lo importante en la vida y lo mal que va el mundo de los negocios, y cómo debería comportarse y emplear su tiempo libre, corre el riesgo de emplear su mente consciente menos eficazmente y más pasivamente.

Tal sumisión hará que su mente subconsciente esté programada por acontecimientos externos fuera de su control, más que por imágenes generadas internamente bajo su control, y cruciales para su saludable progreso personal y para su felicidad. Estará abrogando el control sobre sí mismo, su entorno, y su futuro.

CAPÍTULO 10

CÓMO REDUCIR EL ESTRÉS MEDIANTE EL CONTROL DEL ESTRÉS

*La mejor manera de reducir el estrés es
tratar la causa, no los síntomas,
de forma que la cura sea
continua y permanente.*

*Tres causas principales del exceso de estrés
son: unas malas relaciones humanas,
un pensamiento confuso y ¡el aburrimiento!*

*¡Un deseo ardiente consumirá su mente
consciente de la mañana a la noche y su
mente subconsciente de la noche a la mañana!*

Los orígenes del estrés

Un director de ventas de cuarenta años entra precipitadamente en la sala de urgencias de un hospital quejándose de dolores en el pecho y dificultades para respirar. El director ejecutivo de una gran corporación se encuentra confundido y preocupado por decisiones que antaño tomaba con facilidad y entusiasmo. La jefe de enfermeras de un hospital llega a casa regularmente con dolores en el cuello e insoportables jaquecas.

En grados variables, todas estas personas sufren un mal de la vida moderna denominado estrés, al cual se culpa de

113

todo: fracasos matrimoniales, carreras arruinadas, dolores en la parte baja de la espalda, trastornos estomacales, hipertensión, visión doble, fatiga crónica, alcoholismo, presión sanguínea elevada, infarto y suicidio. Los expertos creen que reduce el mecanismo de defensa del cuerpo humano, aumentando así la propensión a la depresión y a la enfermedad. También ha sido relacionado con el cáncer. Una persona estresada no puede ser nunca una persona feliz o sana.

Estrés es una de las palabras peor comprendidas de entre las de uso común hoy en día. Como todos lo sufrimos, todos pensamos que lo comprendemos. La confusión existe por una buena razón, sin embargo. Como ha dicho un investigador, «El estrés, además de ser él mismo y el resultado de sí mismo, ¡es también la causa de sí mismo!».

Según la Academia Americana de Médicos de Familia (1), al menos dos tercios de las consultas a los médicos de familia están causadas por síntomas relacionados con el estrés. La sociedad está pagando un precio tremendo por tratar síntomas de estrés. Lo demuestra el hecho de que los tres fármacos más vendidos en Norteamérica hoy en día son: una medicación para la úlcera, una droga contra la hipertensión, y un tranquilizante.

Todo el mundo está de acuerdo en que el estrés es más grave cuando se convierte en un estado crónico, continuo, sin final a la vista. Los pesimistas proclaman que será nuestra ruina. Creen que las nuevas tecnologías y el ritmo de vida están haciendo que la tensión y la ansiedad humanas aumenten más rápidamente que nuestra capacidad para enfrentarnos a ellas. Aunque la raza humana tiene una extraordinaria capacidad de recuperación y de adaptación, un gran número de personas tienen problemas y no saben cómo reaccionar.

Estrés es una expresión para todo, considerada de moda

---

(1) American Academy of Family Phisicians.

por el público en general, que conoce bien sus efectos en casa y en el trabajo. Aunque un estrés moderado es bueno, demasiado puede ser peligroso. «La falta absoluta de estrés es la muerte», escribió el conocido investigador nacido en Austria, Dr. Hans Selye, en su libro de enorme éxito *Stress Without Distress.* En efecto, una cantidad razonable de estrés es normal y conduce a un aumento del esfuerzo y a un mayor rendimiento. Sin él, la vida fluiría tranquilamente y las personas no sentirían una gran urgencia por superar los muchos problemas y obstáculos a los que se enfrentan cada día. Sin embargo, se alcanza un umbral en el que un estrés suplementario empieza a afectar a la capacidad de las personas para funcionar eficazmente, con el correspondiente deterioro de su rendimiento. Un exceso de estrés provoca una angustia no deseada.

Hay muchas ideas equivocadas sobre el estrés, sus orígenes, efectos y curas. Una cosa es cierta: la mayoría de la gente es consciente de ello y de sus potencialmente peligrosos efectos para los individuos y las compañías que han realizado una considerable inversión en ellos. Basándonos en muestras nacionales, sólo el absentismo debido a enfermedades relacionadas con el estrés les cuesta a las economías nacionales de los Estados Unidos y Canadá hasta 300.000 millones de dólares en pérdidas de productividad cada año. Reemplazar a un ejecutivo que muere a mitad de su carrera puede costar hasta un millón de dólares, incluidos el pago del seguro de vida y los gastos de reclutamiento y formación. En los Estados Unidos, las corporaciones están gastando en estos momentos más de 350.000 millones de dólares anuales en sanidad para sus empleados, una cifra que ha estado incrementándose en un alarmante diez a quince por ciento anual.

El exceso de estrés se da en toda la población, en hombres y mujeres por igual, y en todas las edades. No está asociado con ningún grupo profesional en particular o conjunto de circunstancias. La gente en general encuentra su vida hoy en día más complicada y exigente. Se enfrenta a impuestos más elevados, crisis económica, menos confianza en el gobierno, reestructuración de las empresas, rápidos cambios tecnológicos, tasas de crimen crecientes, y una disminución de los valores morales en la gente joven.

Los psicólogos que se ocupan del problema nos dicen que el estrés se produce cuando las percepciones que las personas tienen de sí mismas y de su mundo están en conflicto con sus esperanzas y aspiraciones. «¿Por qué no estoy realizando todo mi potencial?» se preguntan a sí mismos. Un exceso de estrés es una reacción psicológica con efectos secundarios físicos, que puede proceder de trabajar diligente y fervientemente hacia un objetivo que la persona cree que no alcanzará, o de no recibir de la vida el sentimiento de realización que honestamente piensa que se ha ganado y merece.

El exceso de estrés a menudo conduce a una aguda depresión; y hay más gente en el mundo sufriendo de depresión que de cualquier otra enfermedad. Los investigadores estiman que una de cada cinco personas de la población en general sufrirá una gran depresión en algún momento de su vida; y a las mujeres les afecta seis veces más que a los hombres. Cien millones de personas en el mundo desarrollan una depresión identificable cada año. Las víctimas padecen trastornos en su estado de ánimo que desembocan en una espectacular pérdida de autoestima. Tales personas tienden a ser muy críticas consigo mismas y acaban desinflando sus propios globos.

Dejando a un lado la terapia con drogas, parece haber tres teorías principales practicadas por los psicólogos para ayudar a combatir la depresión moderada. La *Terapia Cognitiva* pretende inducir a las personas a pensar más positivamente sobre sí mismas y su entorno. La *Terapia del Comportamiento* está más orientada hacia la acción, y anima a las personas a establecer metas personales y a involucrarse

116

más en actividades en el exterior. La tercera, denominada *Terapia Racional-Emotiva,* se basa en el principio de que las personas pueden vivir vidas plenas y emocionalmente satisfactorias disciplinando y controlando sus pensamientos en el presente, utilizando técnicas de creación de imágenes, y pensando más objetivamente para encontrar la salida a su conducta neurótica. Los tres enfoques tienen virtudes, y son especialmente eficaces combinados.

Estos enfoques nos ayudan a comprender que otras personas y acontecimientos en nuestra vida no nos alteran: en realidad nos alteramos nosotros mismos permitiendo que nos alteren. Si usted permite, por ejemplo, que un atasco de tráfico le altere, ¿cree que a los otros coches o a las personas que van en ellos les importa? Por supuesto que no. Entonces ¿por qué lo hace? Los investigadores médicos no comprenden del todo por qué unas personas son capaces de enfrentarse al estrés mejor que otras, o por qué algunas personas pueden manejar altos niveles de estrés mientras otras no pueden. Ciertamente, hay varios factores implicados, incluyendo la herencia, la cultura, la raza, y, en gran medida, la actitud mental de la persona.

Advierten que la reacción ante las circunstancias es una respuesta condicionada muy personal e individual que no puede ser controlada conscientemente mediante fuerza de voluntad. Mientras una persona puede reaccionar eficazmente, a su manera personalizada, ante un acontecimiento determinado, otra puede responder de forma anormal e ineficaz.

La forma en que las personas responden a su entorno depende generalmente de experiencias de aprendizaje anteriores, incluidos modelos a imitar que aprendieron mientras crecían. Si el padre reaccionaba agresivamente ante situaciones difíciles, es probable que sus hijos también lo hagan. La experiencia queda fijada en el subconsciente del niño como la conducta normal para enfrentarse a los problemas, y forma la base para sus respuestas condicionadas en situaciones similares. Cada uno de nosotros hemos desarrollado nuestra propia mentalidad o actitud ante la vida. Desgraciadamente, a menudo no es la forma más eficaz de hacer frente a situaciones que supongan un desafío.

Aprender a hacerle frente

Considere el estallido de información simplemente como un resultado de la moderna tecnología. La casi instantánea difusión de noticias inquietantes por la radio, la televisión, y la prensa impregna nuestra vida diaria. Instantáneas de sufrimiento humano y desesperación alimentan invariablemente nuestros naturales instintos humanos, y desvían la atención individual de objetivos y éxitos personales. Es imposible para una persona contemplar y asimilar la exposición de los acontecimientos del mundo sin identificarse en cierta medida con ellos, padeciendo innecesariamente, como resultado, sensaciones de estrés asociadas. Con ello, nos vemos forzados a concentrarnos más en los problemas del mundo, todos generalmente bastante complejos, y estamos condicionados a percibir nuestro mundo en términos generalmente negativos. A menudo, esto refuerza nuestro habitualmente bajo nivel de autoestima y nuestro pesimista concepto de la vida. También nos ayuda a racionalizar nuestra habitual falta de éxito y nuestros mediocres resultados.

El Dr. Hans Selye fue el primero en emplear la palabra *estrés*, que tomó prestada de la física, para describir la respuesta del cuerpo a cualquier cosa desde virus y cambios de temperatura hasta respuestas emocionales tales como el miedo, la ira, y la frustración. Se ha convertido en el padre fundador reconocido de la investigación sobre el estrés. Fue catedrático y director del Instituto de Medicina Experimental de la Universidad de Montreal hasta su muerte en 1982. Es más conocido por su detallado trabajo sobre la respuesta fisiológica del cuerpo al estrés, el tema principal de sus casi cuarenta años de investigación de laboratorio. Durante su vida, escribió más de mil cuatrocientos artículos sobre el estrés en revistas internacionales y veintiocho libros sobre el tema, incluido su clásico y ampliamente aclamado trabajo titulado *The Stress of Life*.

El Dr. Selye define el estrés como la consecuencia de una exigencia interna o externa al cuerpo, sea esa exigencia agradable o desagradable. Cuando nos exponemos al frío, por ejemplo, temblamos y nos estremecemos para producir más calor, y nuestros vasos sanguíneos se contraen para reducir la pérdida de calor. Hay una cierta cantidad de estrés inherente a cualquier respuesta de adaptación que el cuerpo considere necesaria.

La naturaleza ha decretado que el cuerpo debe funcionar dentro de ciertos parámetros determinados; por ejemplo, la temperatura del cuerpo se mantiene a 37 grados centígrados. La violación de cualquier ley de la naturaleza aplicable al organismo humano producirá estrés, y aunque cada elemento de tensión sea diferente, todos provocan esencialmente la misma respuesta. El grado de estrés creado es directamente proporcional a cuánto tenga que ajustarse o adaptarse el cuerpo para restablecer su estado normal.

Sean cuales sean los estímulos que impacten en nuestro cuerpo, sólo hay dos formas básicas de recuperar el statu quo o la normalidad: mediante la acomodación o aprendiendo a vivir con el cambio, o resistiéndolo mediante una respuesta de lucha o huída. El Dr. Selye recomienda encarecidamente la primera, que podría llamarse conducta de adaptación, en contra de la segunda, llamada conducta agresiva, porque la acomodación produce mucho menos daño al metabolismo humano.

Generalmente podemos elegir cómo responder a las situaciones potencialmente más estresantes. El hombre prehistórico, al encontrarse frente a un tigre de dientes afilados, se veía obligado a responder de una cierta manera para salvar su vida, de forma muy parecida a cuando el hombre moderno se enfrenta a un asesino psicópata que le apunta con un cuchillo. En ambos casos, la opción es la misma: ¡luchar o huir para no perecer!

En tales situaciones, la rama simpática del sistema nervioso autónomo se pone en estado de alerta roja. La parte del tronco cerebral conocida como el hipotálamo activa la glándula pituitaria, causando la liberación de la hormona ACTH al torrente sanguíneo. Ésta viaja hasta las glándulas adrenales, localizadas sobre los riñones, haciendo que esteroides como la adrenalina y la cortisona se incorporen a la sangre. Estas hormonas, aunque importantes para una respuesta de supervivencia, son tóxicas, y provocan cambios perjudiciales en el sistema humano. Las pupilas de los ojos se dilatan, volviéndolos más sensibles a la luz. El pulso y la presión sanguínea aumentan, suministrando más sangre para llevar la energía necesaria a los músculos, y la respiración y el consumo de oxígeno aumentan, proporcionando más energía para el pensamiento rápido y la actividad física vigorosa.

Afortunadamente, las situaciones que pongan en peligro la vida no son la norma. Sin embargo, a menudo suponemos que muchos acontecimientos diarios requieren una respuesta de lucha o huida similar y, con ello, el cuerpo paga un precio tremendo. Como este libro se concentra en la motivación positiva, en la capacitación personal que conduce a resultados positivos, nos interesa principalmente el estrés que resulta de acciones intencionadas y del establecimiento de objetivos, y su efecto subsiguiente en el rendimiento personal. Nuestro centro de atención principal está en el estrés que representa una respuesta fisiológica del cuerpo positiva como consecuencia de una estimulación psicológica. En otras palabras, estamos considerando cómo podemos ayudar a nuestro cuerpo a reaccionar positivamente ante nuestros pensamientos y sentimientos de cada día.

Todos nuestros pensamientos producen estrés en grados variables, pero los acontecimientos y circunstancias externas, en sí mismos, son neutros. Es la interpretación o reacción de la persona ante un acontecimiento determinado lo que produce la respuesta psicológica que llamamos estrés. Claramente, entonces, el perfil actitudinal de un individuo es el factor clave para el control del estrés. Considere, por ejemplo, qué es un problema. En los términos más simples, es una cuestión, asunto, o situación que encontramos difícil de resolver. En otras palabras, un problema es un desafío que sentimos que necesita nuestra atención. A menudo, sin embargo, tomamos un hecho sencillo, le añadimos interpretaciones y connotaciones que son irrealistas e inapropiadas, y acabamos con algo que no existe en absoluto, excepto en nuestra propia mente. Entonces sí que tenemos realmente un problema.

El estrés es el precio que el cuerpo paga por la motivación; y todos estamos motivados, un poco o mucho, para hacer algo o para no hacer nada. Como tal, el estrés puede ser productivo o destructivo. Las personas eficaces que poseen un alto grado de auto motivación positiva utilizan el estrés como una fuerza positiva para facilitar el triunfo, no como una fuerza negativa que contribuye al miedo y al fracaso. Concentrándonos en el éxito, el estrés puede ser utilizado en nuestro beneficio. Concentrándonos en el fracaso, el estrés se convierte en una fuerza debilitadora que inhibe nuestra capacidad natural de adaptarnos eficazmente a las cambiantes situaciones de la vida.

Las investigaciónes del Dr. Selye muestran claramente que si la respuesta de lucha o huida se convierte en el método normal para enfrentarse al estrés, se producirán en el cuerpo cambios químicos a largo plazo que darán como resultado una mayor presión sanguínea, una mayor nivel de arteriosclerosis, y una disminución del sistema inmunológico natural del cuerpo. Todo ello hará al cuerpo más propenso a la infección, la enfermedad, y el decaimiento.

El estrés inducido emocionalmente es totalmente subjetivo. El impacto depende tanto de características de personalidad adquiridas como de predisposiciones mentales adoptadas ante grandes cambios en la vida, como muerte del cónyuge, divorcio, separación matrimonial, pérdida del trabajo, encarcelamiento, o las diarias contrariedades de la vida, que son demasiado numerosas para mencionarlas. Las investigaciones muestran que una alta incidencia de estrés producirá probablemente úlceras, trastornos psiquiátricos, incluyendo la pérdida de sueño, huesos rotos, e incluso afecciones más serias, como enfermedades del corazón y cáncer.

Resulta interesante que experiencias agradables, como enamorarse, el matrimonio, el nacimiento de un hijo, y los cumpleaños, también produzcan estrés y dañen el cuerpo. A pesar de algunos efectos nocivos, el estrés sigue siendo la sal de la vida. El reto al que nos enfrentamos cada uno de nosotros es encontrar el nivel apropiado de estrés que estimule nuestras vidas en lugar de destruirlas. El objetivo es controlar el estrés y utilizarlo en nuestro beneficio para lograr metas personales que sean importantes para nosotros.

Al final, es el sistema de creencias personal de un individuo (SCP), definido por su perfil actitudinal, el que determina su nivel personal de estrés. Sabiendo que la mayoría de los acontecimientos de la vida producen algo de estrés, el nivel de estrés de una persona (S) en cualquier punto del tiempo puede calcularse de la forma siguiente (A es cada acontecimiento al que se ve expuesto el individuo):

$$S = (SCP1 \times A1) + (SCP2 \times A2) + (SCP3 \times A3)...$$

Claramente, cuantos más acontecimientos que tengan un componente emocional asociado (SCP) en su arraigada estructura de la realidad impacten en la vida de una persona, mayor será su nivel de estrés. Demasiados éxitos pueden ser tan traumatizantes como demasiados fracasos, dependiendo de la capacidad del individuo para hacer frente a tales acontecimientos.

Tomemos el cuerpo humano, por ejemplo, y comparémoslo con una locomotora. Cada día cebamos nuestra caldera consumiendo nutrientes para producir vapor. Nuestro objetivo es viajar hasta la siguiente ciudad con esta limitada provisión de combustible. Sin embargo, si durante el camino empezamos a tener que abrirnos paso entre imaginarios bancos de nieve, consumiremos la mayor parte de nuestra energía y perderemos nuestro impulso, quedándonos de este modo sin vapor y no pudiendo lograr nuestro objetivo. Estas barricadas mentales representan barreras para el triunfo auto impuestas, y cada una se cobra su tributo. Si no hubiesen estado presentes, nuestro tren hubiera seguido avanzando y hubiera completado su trayecto, consumiendo la cantidad de combustible prescrita en el proceso.

Los ganadores en la vida han desarrollado la capacidad de concentrarse en las recompensas del éxito (llegar a su destino) más que en los castigos del fracaso (barricadas imaginarias). Comprenden que la cantidad de estrés y energía consumida puede ser la misma en ambos casos, pero también reconocen que la gran diferencia está en los resultados finalmente obtenidos.

Alivio temporal - mente

Se han encontrado multitud de remedios, algunos nuevos, otros viejos, para ofrecer alivio temporal para el exceso de estrés. Ciertas culturas, sectas religiosas, y nacionalidades han experimentado, y se han especializado, en ciertos remedios o prácticas que están en armonía con sus creencias, tradiciones y entornos locales. Se dividen en dos categorías generales cuyo objetivo es siempre relajar tanto la mente como el cuerpo.

La relajación mental incluye populares ejercicios mentales como la meditación, el *biofeedback*, la creación de imágenes, juegos, películas, televisión, la lectura, y otras agradables distracciones. Podría ser salir una noche con su cónyuge a su restaurante favorito. Cualquier cosa que sustituya los pensamientos de su mente por pensamientos felices, agradables, o irrelevantes funcionará; y todas tienen algún efecto físico positivo sobre el cuerpo y el sistema nervioso.

Biofeedback

El *feedback* es simplemente un método de controlar un sistema reintroduciendo los resultados de su comportamiento pasado en su funcionamiento actual. La moderna dirección informatizada de misiles y los sistemas de control de procesos emplean todos el *feedback* para realizar con éxito las tareas que se les han asignado.

El *biofeedback*, esta técnica aplicada a los humanos, recibió el reconocimiento que merecía a mediados de los años sesenta, después de que un intenso trabajo de laboratorio revelara que el cerebro humano vuelve a introducir en su pensamiento y conducta actuales los pensamientos ya conceptualizados. Ayuda a explicar la intrincada y compleja interacción del cerebro con el sistema nervioso del cuerpo, y confirma cómo manifiesta el cuerpo, tanto biofísica como bioquímicamente, los pensamientos que la mente abriga.

El *biofeedback* emplea mecanismos electromecánicos para captar y ampliar las señales invisibles del cuerpo, eléctricas en contenido, y convertirlas en resultados medibles y observables utilizando indicadores, luces o sonido. Una persona conectada a tal mecanismo y presenciando los resultados puede experimentar con varios pensamientos e imágenes, viendo instantáneamente los cambios en sus funciones corporales físicas. Los resultados obtenidos han sido revolucionarios, y han hecho que el *biofeedback* sea ampliamente utilizado en aplicaciones médicas y psicológicas tales como la psicoterapia. Permite mostrar de primera mano a los escépticos y a los incrédulos que funciones corporales específicas son el resultado de nuestros sentimientos y que pueden controlarse mediante el pensamiento consciente.

Los resultados de las investigaciones van mucho más allá que la previa sabiduría convencional sobre nuestros dos sistemas nerviosos. Antes se pensaba que teníamos control consciente sobre nuestros músculos y nervios mediante el sistema nervioso voluntario, mientras que el resto de nuestra anatomía: nuestro corazón, presión sanguínea, respiración, actividad glandular, y similares, estaba supuestamente más allá del control consciente y quedaba bajo el dominio del sistema nervioso involuntario o autónomo controlado por la mente subconsciente.

El *biofeedback,* mediante avanzada tecnología, ha demostrado que esta suposición es falsa: ahora sabemos que podemos utilizar la técnica expresamente para curar enfermedades tales como la depresión, el insomnio, la alta presión sanguínea, el asma, y los tics musculares. Es la forma moderna, asistida por la tecnología actual, de obtener control, o incluso dominio, sobre las funciones y procesos corporales normales, eliminando los resultados improductivos, no deseados, y sustituyéndolos por resultados productivos, deseados. El *biofeedback* facilita el ponernos en contacto con nosotros mismos, con nuestros pensamientos más íntimos, y el acceder a nuestros mecanismos naturales del éxito.

Debemos darnos cuenta de que utilizamos esta técnica inconscientemente cada día, sólo que el mecanismo electromecánico no está presente para verificar los efectos. Todos somos producto de nuestros pensamientos y sentimientos actuales, por eso, introduciendo expresamente conceptos e imágenes positivos, con sincera convicción, podemos producir resultados positivos. La fe en nosotros mismos y en tener algún control sobre nuestro futuro empieza con nuestros pensamientos y sentimientos de cada día. Para aquellos que comprenden, aceptan, y saben cómo aplicar esta primera ley de la naturaleza, ésta representa el auténtico secreto de la vida misma: el camino hacia una vida feliz.

Alivio temporal - cuerpo

El otro enfoque es ejercitar los músculos del cuerpo, y de esta forma relajar la mente. Los deportes de recreo, como la natación, el footing, el tenis, el golf, y el esquí, así como el agua caliente, el vapor y los baños de arcilla lo conseguirán. Cuando se está en un estado de completa relajación muscular, no puede uno sentirse estresado.

Considere el efecto de un masaje corporal completo, por ejemplo. El objetivo es que usted haga lo menos posible mientras la otra persona hace todo el trabajo. Le puede proporcionar toda una hora de placer completo e ininterrumpido. Proporciona las recompensas tanto físicas como emocionales necesarias porque unos músculos relajados mejoran la circulación de la sangre y elevan nuestro estado de ánimo de forma natural.

Los dos principales inconvenientes de todos estos ejercicios de relajación física y mental son: que son temporales y que algunos ocupan una considerable cantidad de tiempo, cuando el tiempo es nuestro bien más preciado. No hay duda de que todas estas actividades son divertidas y de que hacen la vida más interesante. Todos necesitamos una distracción de vez en cuando. La pregunta que debe usted hacerse a sí mismo, sin embargo, es si desea dedicarse a estas actividades principalmente por la diversión, o como una terapia que necesita para sobrevivir.

Control profesional del estrés

Todo un nuevo negocio está floreciendo promocionando el concepto del control del estrés. Está dirigido a hospitales, clínicas, y grandes corporaciones por igual, ofreciendo un servicio básico: enseñar a la gente a relajarse. Los estudios confirman que una actitud mental positiva y la capacidad para relajarse contribuyen ambas no sólo a la felicidad, a la salud, y a un mayor rendimiento en el trabajo, sino también a la longevidad. Hay una sólida documentación disponible que demuestra que una buena salud emocional contribuye a una buena salud física y retarda el proceso del envejecimiento, especialmente en la mediana edad. Se anima a la gente a que programe su tiempo con más cuidado y a que introduzca ejercicios de relajación en su rutina diaria.

Hay un hecho interesante, y es que las estadísticas muestran que ciertos grupos de población disfrutan constantemente de buena salud y viven más tiempo: Mormones, monjas, directores de orquesta, y mujeres incluidas en el *Who's Who* (Quién es Quien). Esto sugiere que ciertas características humanas como la fe, el orgullo, el sentido de realización, la dirección, y el sentido de control sobre la propia vida ayudan a disipar los efectos negativos que el estrés crónico y generalizado ejerce sobre el cuerpo. De hecho, la edad es una actitud de la mente. Las personas han sido condicionadas durante siglos para creer que son viejos a la edad de sesenta o sesenta y cinco años, y si aceptan esta creencia, no puede ser de otra manera. Las expectativas, una vez firmemente arraigadas en nuestro subconsciente, se manifiestan inevitablemente en nuestras vidas.

Los especialistas en control del estrés sugieren una variedad de aproximaciones para activar lo que se llama la *respuesta de relajación*, e incluyen las siguientes:

A. *Meditación Trascendental.* La persona adopta una postura cómoda sentada, cierra los ojos, y se concentra mediante la repetición en una palabra sin sentido conocida como mantra, en un recuerdo agradable, o en una imagen tranquilizadora. Cuando se practica regularmente durante diez o veinte minutos dos veces al día reduce la presión sanguínea y otros síntomas del estrés. Domina el pensamiento consciente, aclara la mente, y permite que la actividad mental subconsciente asuma el mando.

B. *Biofeedback.* La persona es conectada mediante sensores a un mecanismo con una pantalla de televisión para ver el efecto de ciertos pensamientos sobre varios factores fisiológicos, tales como la presión sanguínea, la tensión de la piel, y la temperatura corporal. Mediante la creación de imágenes, la respiración profunda, y la relajación muscular, las personas aprenden a controlar sus respuestas al estrés. Después de seis a ocho sesiones, los usuarios son separados de la máquina y son capaces de obtener relajación por sí mismos.

C. *Respirar profundamente y estirarse.* La persona se sienta derecha en una silla e inspira tan profundamente como le sea posible mientras extiende completamente hacia arriba y hacia afuera sus brazos y piernas, estirando enérgicamente los dedos de manos y pies; luego espira de forma controlada, dejando que brazos y piernas caigan lentamente para volver a su posición normal de relajación. Este ejercicio se puede realizar fácilmente en una oficina, y sólo requiere cuatro o cinco extensiones y retracciones completas para sentir que la tensión y el estrés desaparecen del cuerpo.

D. *Ejercicio físico.* La persona produce una suave transpiración al menos dos o tres veces por semana.

Además, se están empleando test de personalidad estandarizados para clasificar a las personas en categorías conductistas: a aquellos más susceptibles al estrés, y por tanto a las enfermedades relacionadas con el estrés, se les conoce como del tipo A; mientras que a aquellos que están mejor organizados, hacen las cosas de una en una, y son capaces de enfrentarse a los acontecimientos importantes y a los de menor trascendencia de la vida, incluidas las contrariedades de cada día, se les conoce como del tipo B. Después se utiliza ayuda profesional para desarrollar una nueva perspectiva y conciencia en las personalidades del tipo A, para reducir la cantidad de estrés que se infligen a sí mismas. En otras palabras, a las personas propensas al estrés hay que enseñarles y hacerles conscientes de que, de hecho, el estrés no existe en ninguna parte de su entorno; son las propias reacciones de los individuos ante los acontecimientos y las circunstancias a los que se enfrentan en sus vidas diarias las que crean el estrés en sus mentes.

Alivio Permanente

La mejor manera de reducir el exceso de estrés es tratar la causa, no los síntomas, de forma que la cura sea contínua y permanente. El secreto para controlar el estrés personal es aprender a controlar el éxito personal.

Recuerde, el estrés es una valiosa fuente de energía y puede ser una fuerza positiva si se controla eficazmente. Al igual que el aire en un neumático, la presión permite a la rueda de la vida rodar. Un neumático deshinchado o uno a punto de reventar no es la situación ideal: el mejor trayecto se hace con las ruedas infladas apropiadamente. Y lo mismo sucede en la vida. La experiencia muestra que cantidades moderadas de estrés producen con frecuencia óptimos niveles de rendimiento.

Tres causas principales del exceso de estrés son: unas malas relaciones humanas, un pensamiento confuso, y el aburrimiento. Generalmente, todas contribuyen en mayor o menor grado al nivel de estrés de un individuo. La información y los conceptos ya descritos ofrecen varias sugerencias sobre cómo formular un programa anti-estrés para eliminar el exceso de estrés en todas las personas en su origen:

la mente. Idealmente, estos métodos deberían ser practicados y aplicados conjuntamente.

La primera sugerencia supone simplemente cambiar conscientemente sus percepciones de sí mismo y de su entorno, adoptando así una nueva realidad basada en actitudes mentales corregidas que sean más realistas y apropiadas para sus circunstancias. Una mente más abierta y una actitud mental positiva con respecto a sus circunstancias de cada día son un buen comienzo. No cuesta más ser positivo; de hecho, es una póliza de seguros para su salud mental baratísima.

Segundo, reconsidere su capacidad para relacionarse con éxito en sus encuentros individuales con otras personas cada día. Aprenda a dar mientras recibe y a recibir mientras da. Ello aumentará su sentimiento de valía personal, porque unas relaciones humanas eficaces contribuyen a un mayor sentido de autoestima.

Tercero, estudie los veinticinco ejemplos de pensamiento racional consciente y uso apropiado de su mente subconsciente enumerados en el Capítulo 7 para asegurarse de que no está bloqueado. Y practique siempre el pensamiento positivo cuando resuelva problemas.

A menudo la solución está en comprender nuestra dependencia de enfoques que no son productivos. El estrés surge cuando una persona intenta manejar situaciones y problemas adultos con técnicas primitivas aprendidas de niño. La mayoría de las personas no han aprendido nunca a controlar su pensamiento en el presente con la mira puesta en una estimulación emocional positiva y en una conducta eficaz. La clave está en practicar el *control del pensamiento consciente,* lo cual implica la sustitución de nuestros pensamientos por pensamientos positivos y felices siempre que la ansiedad, la frustración o el miedo hagan su aparición. Practicado regularmente, este proceso intencionado de sustitución del pensamiento se convertirá en un hábito mental adquirido, dando como resultado, con el tiempo, una conducta habitual más productiva en respuesta a las situaciones y acontecimientos diarios de la vida.

Es todo cuestión de sentarse, mirarse objetivamente a sí mismo, y saber cómo pensar, ¡y cómo pensar inteligentemente! Reprograme expresamente su subconsciente, utilizando técnicas de imágenes artificiales, para modificar las opiniones, creencias, y conducta inapropiada ya registradas y que forman la base de sus respuestas actuales. Las personas necesitan un modelo de conducta coherente con la eficacia en las relaciones humanas y con el éxito para emularlo en sus vidas diarias. Empiece creando uno que usted considere que es coherente con sus necesidades y con su sistema de valores, y luego póngalo en práctica. Mediante sus acciones, y las reacciones de los demás, desarrollará una personalidad eficaz compartiendo necesidades con las personas de las que más depende para lograr sus objetivos.

La sugerencia final es vencer las sensaciones de estrés con sentimientos más fuertes mediante un acto consciente. Decídase conscientemente por un deseo ardiente, y no le quedará tiempo ni espacio mental para pensamientos estresantes. Nada es tan poderoso como la pasión pura, la inspiración, y las erupciones mentales espontáneas todas al mismo tiempo, y todas enfocadas al logro de sus objetivos. No existe sentimiento comparable al sentimiento de júbilo por el triunfo. Optar por un objetivo apasionante borrará por sí sólo cualquier pensamiento persistente sobre el estrés, porque ocupará su mente consciente de la mañana a la noche y su mente subconsciente de la noche a la mañana. No sabrá usted qué le ha sucedido porque estará demasiado ocupado físicamente intentando ir al ritmo de sus explosiones mentales de creatividad e inspiración.

Una persona positiva asertiva tiene los rasgos de personalidad, las aptitudes, y la actitud apropiadamente desarrollados y armonizados de forma que encuentra instintivamente deseos ardientes. Y con mucha frecuencia, si no los encuentra, ellos le encontrarán a ella. Los objetos complementarios se atraen, y las personas que necesitan deseos ardientes y los deseos ardientes que necesitan personas chocarán invariablemente unos con las otras. La chispa que resulta de la colisión se convierte ahora en una llama alimentada por energía divina. No importa cuál sea el deseo ardiente, o lo grandioso, noble, o trascendental que les parezca a los demás. Para usted, es un reto, y puede conducirle al éxito y a una significativa satisfacción. Eso es todo lo que importa.

Para una persona puede ser terminar el bachiller a los cuarenta años; para otra, puede ser ofrecerse voluntaria para ayudar a niños desfavorecidos; para una tercera persona, puede ser dar una conferencia en público a pesar de un grave defecto del habla. Las personas obtendrán la mayor satisfacción de hacer algo a lo que le tengan mucho miedo o de terminar finalmente algo que empezaron hace mucho tiempo. El éxito de un desafío conducirá a la aceptación de otro; y este proceso continuo, que se sostiene a sí mismo y perpetúa desafíos mayores, no dejará con seguridad lugar para el estrés en su mente.

El estrés es una reacción mental creada en su mente por usted mismo, y sólo necesita que le muestren una manera de enfrentarse a él que sea práctica y eficaz. Practique «la mente sobre la materia» porque, aunque todo lo que vemos en la vida es materia física, el pensamiento controla cómo lo interpretamos y cómo reaccionamos. Reaccionar ante los desafíos de la vida eficazmente, sin exceso de estrés, redunda claramente en nuestro beneficio así como en el de los demás. Hay otras personas que dependen necesariamente de usted para su bienestar, incluidos sus amigos, su familia, y su organización. Recuerde, usted logra sus objetivos a través de otras personas, y otras personas logran sus objetivos a través de usted.

Aprender a hacer frente al estrés

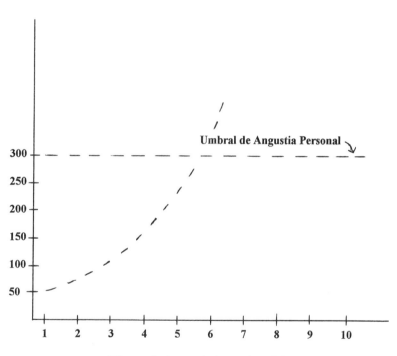

Número de Acontecimientos Agradables o Desagradables

Relájese e imagine experimentando artificialmente

Encuentre un lugar tranquilo y aprenda a relajar su cuerpo. Esto pondrá a su mente subconsciente en un estado receptivo. A primera hora de la mañana y por la noche son los momentos ideales.

Imagine las extremidades de su cuerpo aflojándose en etapas como un globo que se desinfla. Concéntrese en relajarse; repita la palabra una y otra vez en su mente hasta que esté relajado. Esto debe llevarle unos cinco minutos.

Ahora empiece a concentrarse en sus afirmaciones y en aquello que desea, visualizando el objetivo en varios escenarios y configuraciones. Imagínese a sí mismo representando un papel y logrando efectivamente su objetivo por etapas. Repita sus afirmaciones una y otra vez.

Imagine su deseo, su fe en sí mismo, y su objetivo como un continuo. Su mente subconsciente proyectará nuevas ideas y sensaciones en su pantalla mental. Está usted ahora viviendo a través de la experiencia de lograr su objetivo en su mente. Experimentará satisfacción, emoción, incluso éxtasis mientras visualiza la consecución de su objetivo. Son las mismas emociones que sentiría usted si estuviera efectivamente alcanzando su objetivo en la vida real. Repita este proceso dos veces al día.

CAPÍTULO 11

EL CAMINO HACIA EL TRIUNFO

Hasta que no empiece a comprender
el funcionamiento de su mente, ¿cómo
puede esperar contemplar su alma?

Elija su propio modelo de conducta
con rasgos de personalidad, cualidades,
y aptitudes específicas que sean coherentes
con sus necesidades «ganadoras».

Concentrándonos en los fracasos del
pasado devaluamos el presente
y condenamos el futuro.

La historia de David

Se han incluido en el texto ejemplos de personas en situaciones de la vida real para ilustrar de forma práctica las muchas ideas y conceptos que se describen y recomiendan. Esto se ha hecho por una razón específica.

Me propongo describir en detalle las experiencias de un individuo que conozco bien desde hace varios años. Sus experiencias aúnan eficazmente las varias ideas y conceptos aquí presentados. El individuo elegido es un amigo que en un momento de su vida se vio en un callejón sin salida, y decidió buscar más profundamente dentro de sí mismo para encontrar más significado y orientación para él y su familia.

135

Esta historia demuestra que el proceso de desarrollo personal es, en efecto, una experiencia evolutiva que dura toda la vida, una experiencia que requiere una decisión personal y un firme compromiso de esforzarse y crecer y realizar todo nuestro potencial. Demuestra también que las recompensas a lo largo del camino: sentido del triunfo, realización y orgullo, combinadas con beneficios obvios para la familia, los amigos, y los empleados por igual, merecen el tiempo y el esfuerzo. El camino hacia una mayor felicidad y un mayor éxito está salpicado de pequeñas felicidades y de pequeños éxitos. Uno puede empezar en cualquier momento a construir sobre su base actual y utilizar las aparentes derrotas de la vida para encender una chispa interior que pueda convertirse en una llama.

David creció en una pequeña comunidad situada en una remota región del país. Tuvo pequeñas dificultades de aprendizaje en la escuela elemental. Sin embargo, sus comprensivos padres, que le dieron todo su apoyo, le ayudaron a superar esos retos iniciales de forma que en el instituto le fue extraordinariamente bien, ganando varios premios de capacitación por logros académicos. David nunca pensó demasiado en cómo había logrado esos éxitos, creyendo que era debido básicamente a una memoria excelente, al trabajo duro, y a un genuino interés por las materias que estaba estudiando.

David se fue de casa en 1962 para ir a la universidad, y se encontró en 1982, exactamente veinte años después, teniendo que replantearse su vida y preguntándose por qué y cómo había llegado a donde estaba.

— ¿Era en realidad el destino, y no tenía elección?

— ¿Están las cosas realmente decididas por las circunstancias y lo único que tenemos que hacer es representar el guión escrito para nosotros antes de nuestro nacimiento?

— ¿En qué momento de nuestras vidas deberíamos sentirnos inquietos o incluso preocupados por tales cuestiones?

En aquel momento, David estaba casado, tenía dos hijos, y trabajaba como directivo medio en una gran organización. Su vida era muy previsible. Básicamente se dedicaba a reaccionar ante las circunstancias de cada día y estaba convencido de que su futuro se resolvería igual que había sucedido en el pasado. Cada nuevo día esperaba a ver lo que ocurría, y naturalmente esperaba lo mejor.

Un día de 1978 sucedió algo que hizo de repente añicos la imagen que David tenía de sí mismo y de cómo pensaba que se desarrollaría su vida. Lo que sucedió en sí no es importante. Para muchos es la ruptura de un matrimonio, la pérdida de un empleo o de un ascenso clave, una lesión, o alguna tragedia similar. Para David, aquello representó una derrota personal, un desastre, un repentino despertar a cómo la desgracia puede golpear en cualquier lugar y en cualquier momento. En 1982, cuatro largos años después, David todavía experimentaba fuertes sentimientos de culpabilidad, remordimiento, y frustración al pensar en ello. Todavía creía que ese «fracaso» en su vida le convertía también en un fracaso como persona. Estaba montado en el tren del fracaso, éste descarriló y se fue directamente al barranco. David llevaba puesta su careta del fracaso a todas partes, de forma que se había convertido en algo fijo, en una extensión de su mente y de su cuerpo, en una parte de su auténtico yo.

Nuestra actitud al perder determina el tiempo que nos llevará volver a ganar. A algunos les lleva toda la vida. La reacción de David ante ese suceso tuvo necesariamente un impacto negativo en su relación con su mujer, sus hijos, sus amigos, y sus socios en el trabajo.

Su actitud, generalmente a la defensiva, y su conducta agresiva estaban claramente creando un círculo vicioso de causa y efecto que caía en espiral sin un final a la vista. Ahora, en el fondo del arroyo que él mismo se había creado,

David había alcanzado un punto en el que ya no se gustaba a sí mismo y no sabía cómo encontrar una salida.

David y su familia acababan de trasladarse a una nueva ciudad, y él trabajaba para la misma organización que antes. Sabiendo que no tenía ningún otro sitio a donde ir, decidió que, finalmente, después de cuatro años, había llegado el momento de hacer algo, de encontrar algunas respuestas a su difícil situación. Empezó dando algunos pasos, indecisos al principio, pero ninguno significativo durante varios meses. Sabía que en su nuevo ambiente tenía la oportunidad de conocer gente nueva y de participar en actividades diferentes, así que eso es lo que hizo. Se unió a la asociación de la comunidad local y empezó a participar en varios deportes con su mujer y sus hijos. Los fines de semana se programaron mejor de forma que se reservaba un tiempo apropiado para las tareas domésticas, la compra y la diversión. Las noches del viernes fueron designadas como «noche de salida en familia», incluida la cena. Veía la televisión cada vez menos, eligiendo en su lugar la lectura de libros y revistas que tuvieran relación con el desarrollo personal y profesional. Su programa de lectura, en particular, le abrió la mente a nuevas y excitantes ideas y conceptos, y tuvo un profundo impacto en su forma de pensar y en su conducta.

Los cambios fueron lentos y difíciles al principio. Pero en el transcurso de un año, David empezó a enfrentarse al mundo con renovada confianza y entusiasmo. Disfrutaba cada vez más del tiempo que pasaba con su mujer y sus hijos, y todos ellos parecían más felices en su relación con él. David y su mujer se habían tomado el tiempo de enseñar a sus hijos varios juegos de mesa y de cartas, y los chicos disfrutaban mucho derrotando a sus padres de forma regular.

David intentó imaginarse a sí mismo siendo el triunfador que una vez había sido, y que podía volver a ser. Concentró más sus pensamientos en ideas positivas, e intentó seriamente cambiar su conducta. Se hizo una imagen mental del tipo de persona que deseaba ser, y la imaginaba varias veces al día mientras realizaba su rutina diaria. Leyó varios libros sobre la psicología de la imagen que uno tiene de sí mismo, y se convirtió en un entendido en la materia. David era persistente. Estaba decidido a volar alto de nuevo.

En la oficina de David empezaron a notar que su actitud era en algo diferente. Parecía y actuaba más a gusto consigo mismo, y se mostraba más seguro y feliz en su trabajo. David empezó a presentar algunas nuevas ideas y proyectos que tenían mucho sentido en su área de especialización. Sus superiores pronto se dieron cuenta de este sentido de la iniciativa y le dieron más independencia para planificar y poner en práctica sus propuestas. David también tendía a ser más comprensivo y a apoyar más a aquellos con los que contaba para lograr sus objetivos, sabiendo que podía aprender mucho de sus ideas, aportaciones, y puntos de vista.

Al final del segundo año, David había alcanzado el mismo nivel de confianza, competencia, y felicidad que tenía antes de que su tejado se hundiera. Extrañamente, no se sentía satisfecho quedándose donde estaba. Las emociones y sentimientos positivos que se estaban generando en él le animaban a seguir buscando caminos adicionales y nuevos retos para estimular su vida.

Empezó a relacionarse más con personas ambiciosas y humanas. Decidió unirse a un grupo de «triunfadores» auto declarados de su vecindario, una variada colección de hombres y mujeres de distinto talento y procedencia todos interesados en tener más control sobre sus vidas. Este grupo buscaba activamente nuevos desafíos y oportunidades en sus vidas, y disfrutaban conquistando cada reto que encontraban y al que se enfrentaban. Cada persona del grupo había creado un pequeño negocio independiente para trabajar en su tiempo libre y animaba a los demás a hacer lo mismo, en parte para obtener unos ingresos extra.

El grupo se reunía semanalmente para enseñar los fundamentos de sus negocios y cómo crecer personal y profesionalmente. Como concepto, fue aceptado el axioma «debes creer primero en ti mismo», y todos lo aplicaron a sus vidas. Cada uno compartía con los demás sus sentimientos personales sobre su miedo al fracaso y sobre las muchas dificultades que estaban teniendo para crear sus propios negocios. También compartían sus éxitos, por pequeños que fueran, y se daban mutuo apoyo mientras viajaban por el mismo y difícil camino hacia el triunfo.

La experiencia personal de David con este grupo añadió una nueva y valiosa dimensión a su vida. Le llevó a empezar a estudiar seriamente los conceptos y las teorías motivacionales casi como una asignatura académica, una asignatura, sin embargo, que no forma parte del curriculum de ninguna escuela o universidad. El grupo de «superdotados» de David se convirtió en un valioso foro para exponer ideas sobre problemas comunes creativamente, concentrándose especialmente en cómo organizar intelectualmente su mente y su programa diario para alcanzar nuevos éxitos y objetivos específicos que antes les parecían inalcanzables. Cada miembro era capaz de estimular el pensamiento de los demás más allá de lo que un individuo sólo podría, añadiendo una valiosa tercera fuerza a la planificación personal y al establecimiento de objetivos.

Este grupo practicaba cinco pasos como una probada fórmula del éxito:

1. Decídase por un objetivo a corto plazo, como modificar una característica de su personalidad o desarrollar una nueva técnica en treinta días.
2. Organice un programa diario de actividades para alcanzar ese objetivo.
3. Diseñe una estrategia prestando atención apropiada

a lo que necesita hacer bien para tener éxito en su negocio particular. Los vendedores deben comprender y satisfacer las necesidades del cliente como primera prioridad.

4. Ponga en práctica su plan con un esfuerzo constante y concentrando su energía, sean cuales sean los obstáculos

5. Piense en el éxito en todo lo que diga y haga para alcanzar ese objetivo, y tenga claramente presentes las recompensas que su logro le proporcionará.

En su pequeño negocio particular, David aprendió que vender, como cualquier otro encuentro, implicaba crear una situación «ganadora». Ambas partes tienen que ganar si las dos están realizando un intercambio. Concentrándose en las necesidades de su cliente potencial y en cómo satisfacerlas, David descubrió que era capaz de funcionar a su nivel óptimo. Cuando se concentraba en la exposición y en lo que esperaba sacar de la venta, era cuando peor funcionaba. Descubrió que los clientes percibían rápidamente si tenía en mente su propio interés o el de ellos. Estaban siempre más interesados en resolver su problema que en escuchar más sobre el de él.

Al final, David se vio forzado a averiguar cómo motivarse a sí mismo, cómo comprenderse a sí mismo y cómo comprender sus sentimientos, y cómo obtener mayor control sobre su vida. Descubrió que los libros apasionantes y las personas entusiastas son estimulantes fundamentales para cualquiera que esté hundido. Los libros contienen la sabiduría de los tiempos. Ofrecen consejo a menudo no disponible de ninguna otra forma. Son una herramienta esencial, un camino clave para una nueva introspección y para el conocimiento especializado.

David ha pasado de pequeños éxitos a éxitos mayores, de una cima a otra, apuntando cada vez más alto. Ahora ha adquirido una renovada confianza, fe, deseo, y la capacidad de pensar más grande y más inteligentemente. Sabe que nada es seguro en la vida, pero espera con ilusión cada nuevo día, firme en su convicción de que estará lleno de retos mayores y recompensas proporcionales.

El desarrollo de David continúa con un nuevo objetivo, un nuevo sueño. Está escribiendo sobre técnicas de relaciones humanas, desarrollo personal, y conceptos motivacionales, un proyecto coherente con su nuevo interés en sí mismo y en los demás. Esta actividad, y el proceso de alcanzar su objetivo, le ha hecho darse cuenta de su más fantástico e increíble descubrimiento: los asombrosos poderes creativos de su mente subconsciente.

David pasó cuarenta años viviendo su vida según se presentaba y descubría delante de él. Luego pasó dos años en una búsqueda desesperada para comprender mejor el proceso de capacitación personal mediante el cual podría obtener un mayor control sobre sus pensamientos y actos. Ahora ha escrito sobre su experiencia, y está compartiendo con otras personas lo que ha aprendido. Mientras escribía, David se dio cuenta de que su mente consciente escribía las palabras durante el día mientras que su mente subconsciente desarrollaba nuevas ideas y conceptos durante la noche. Una mente en armonía con la otra, y las dos trabajando hacia el objetivo de David, ¡exactamente como debe ser!

Como resultado del intenso y sincero deseo de David de estudiar y comprender mejor los varios principios de las relaciones humanas y de la motivación, su mente subconsciente creó varios conceptos nuevos y acuñó varias expresiones nuevas. Son éstas:

1. El concepto de los «cuatro ruedos de la vida» y la importancia del yo interior para el desarrollo personal.
2. El concepto de ecuaciones humanas «de proceso positivo» que puede crear usted mismo a voluntad.
3. El concepto de persona «positiva-asertiva» como modelo de conducta a imitar.

4. El concepto de control del pensamiento consciente como instrumento para producir un cambio significativo en la conducta y en el rendimiento.

5. El concepto de los «diez principios de la motivación» y su importancia para la fórmula del éxito (S = P × M).

David ha decidido titular su libro *El poder de vencer*. Para él, representa una satisfacción, el logro de un importante reto, y ha dado más contenido y significado a su vida. Estos factores son importantes para todos. Su éxito da testimonio de la validez de la siguiente ley de la naturaleza: todo aquello que imagines vivamente, desees ardientemente, creas sinceramente, y por lo que actúes con entusiasmo, inevitablemente llegará a suceder en tu vida. Esta ley, como la ley de la gravedad, es infalible. Las leyes de la naturaleza se aplican por igual a la conducta humana y a nuestro entorno físico. No pueden ser violadas.

Las siguientes son las Diez Premisas para una Filosofía de la Vida concebidas por Rudolf Dreikurs. A mí me han resultado útiles para comprender la vida, sus muchos aspectos, y el lugar del hombre en ella; y pueden resultarle útiles también a usted:

1. El hombre no es inherentemente bueno ni malo. Su utilidad social y su eficacia personal dependen de su formación y desarrollo individual, de su propia interpretación de sus primeras experiencias, y de las situaciones de la vida a las que se enfrenta.

2. El hombre no es consciente de su propia fortaleza y de sus propios poderes individuales. Tiene aptitudes intelectuales, morales, y creativas que no conoce, y que por lo tanto no puede utilizar en toda su amplitud.

3. El hombre puede controlar sus propios actos. Las emociones no son su dueño, sino sus herramientas. Está motivado por sus convicciones, sus actitudes, y los objetivos

143

que establece para sí mismo, aunque a menudo no sea consciente de ellos ni se dé cuenta de sus falacias.

4. El hombre influye en su propio destino sin saberlo; es más consciente de lo que le hacen a él que de lo que él hace a los demás.

5. El mayor obstáculo del hombre para una total participación y cooperación social es la subestimación de su propia fuerza y valía. Los métodos educativos y los procedimientos de formación tienden a inculcar falsos conceptos y actitudes sobre uno mismo en comparación con los demás, y los patrones culturales los fortalecen.

6. La mayor perdición del hombre es el miedo. El valor y la creencia en su propia capacidad son la base de sus virtudes. A través de la comprensión de su propia valía puede sentirse integrado e interesado en los demás.

7. La base de unas armoniosas relaciones humanas es el respeto de la propia dignidad, combinado con el respeto de los derechos y de la dignidad de los demás. Ello excluye toda solución de los conflictos humanos mediante la fuerza y el apaciguamiento. El equilibrio social se obtiene sólo con el libre acuerdo de los iguales en espíritu de democracia.

8. El hombre es el soberano en democracia; por lo tanto, cada miembro de la sociedad tiene derecho a la misma dignidad y respeto que se otorga a un soberano. La fundamental igualdad humana no está afectada por ninguna característica individual accidental, como la raza, el color, la religión, el sexo, la edad, la posición económica y social, la educación, la salud física o mental y la belleza, el desarrollo moral o intelectual, el talento, o el éxito personal. Cualquier presunción de superioridad o inferioridad basada en tales factores accidentales es arbitraria y falsa.

9. La paz interior y la paz sobre la tierra podrán lograrse cuando sea abolida la superioridad de un hombre sobre otro, cuando la valía de cada persona esté firmemente es-

tablecida en su propia mente así como en las mentes de los demás hombres, y cuando ningún deseo compensatorio de prestigio o poder enfrente a un hombre contra otro hombre.

10. Necesitamos la ayuda constante unos de otros para mantener nuestra visión de lo que cada uno podríamos ser, para fortalecer nuestras buenas intenciones y nuestras nobles aspiraciones, y para contrarrestar las experiencias desalentadoras y desmoralizadoras a las que nos enfrentamos en nuestra vida diaria.

CAPÍTULO 12

MOTIVACIÓN Y CONDUCTA EFICAZ EN LA FAMILIA

El alma de la vida familiar se halla en
el comportamiento de cada uno de sus
miembros hacia los demás.

Un niño necesita estímulo igual que
una flor necesita sustento y sol.

La finalidad principal de la educación de los hijos
es la formulación de su personalidad y
el desarrollo de su carácter.

El significado histórico de la familia

No existe ninguna institución social más esencial para el hombre que la familia. En ella aprendemos a ser humanos, a amar y a ser amados, a prosperar y crecer. Los niños aprenden el arte vital de llevarse bien con otras personas a través de su pertenencia a una familia.

El alma de la familia se encuentra en la conducta de cada uno de sus miembros hacia los demás. El mayor desafío del hombre es vivir juntos productiva y armoniosamente. El concepto de familia ha evolucionado como un medio apropiado, no por sentimentalismo o coacción, sino porque es un instinto humano natural. Ha pasado la prueba del tiempo. A diferencia de las instituciones y de los gobiernos de

147

las naciones que llegan y se van, la familia compuesta por la madre, el padre y los hijos perdura porque ha demostrado ser una unidad económica y social eficaz y capaz de adaptarse.

El auténtico valor de la vida familiar en el cambiante mundo de hoy está en la aceptación, la seguridad, y la comprensión de sus miembros. Las personas pueden superar muchas dificultades cuando se sienten seguras en sus relaciones familiares, y el afecto compartido es una de las principales fuentes de felicidad en la vida.

En la sociedad occidental, la familia es una institución sagrada. Las personas necesitan sentirse integradas y tener relaciones personales estrechas con otras personas. La familia sirve mejor a esta finalidad si está apropiadamente estructurada y si sus miembros están dispuestos a sacrificar una parte de su libertad personal por el bien del todo. Todos los miembros de la familia deben estar dispuestos a comprometerse y a cooperar para lograr objetivos comunes. La familia tiene la capacidad única de definir y desarrollar objetivos de grupo que un individuo sólo no puede lograr.

El principal reto al que deben enfrentarse finalmente todos los jóvenes es que en algún momento de su desarrollo, tendrán que comprometerse con un estilo de vida personal y asumir toda la responsabilidad de sus decisiones. Una familia feliz producirá jóvenes adultos capaces de responder y funcionar eficazmente ante los retos de su entorno. Unos padres dinámicos inculcarán en sus hijos la ambición, los intereses, y la motivación necesarios para que éstos encuentren significado a su existencia. Lo que los padres transmiten a los hijos constituye parte de su legado.

Roles tradicionales

Muchos de los padres de hoy en día fueron educados en una sociedad más autocrática, donde cada uno era consciente de su «propio» lugar. Si la sociedad hubiera conservado esta vieja y rígida estructura, algunos de nuestros actuales problemas sociales probablemente no existirían hoy. Pero, por supuesto, la vieja estructura tenía graves problemas a los que todavía habría que prestar atención y corregir.

Tradicionalmente, en nuestra cultura, el padre era la persona clave que tomaba las decisiones, el protector, y el principal proveedor económico de la unidad familiar. Su esposa estaba generalmente subordinada a su autoridad, mientras que los hijos estaban subordinados a ambos padres. Estos roles han cambiado necesariamente con los tiempos. Las mujeres han exigido, y obtenido, mayor igualdad con los hombres, y hoy en día desempeñan papeles importantes en todos los aspectos de nuestra sociedad moderna, tanto en la familia como en el trabajo. La mayoría de los hombres parecen haberse adaptado bien a esta estructura más democrática y liberal, pero muchos tienen que ir todavía más lejos.

Los padres ya no pueden actuar autocráticamente, y simplemente exigen respeto y disciplina de sus hijos. Los hijos de hoy esperan reconocimiento de sus derechos como individuos y como seres humanos, y no aceptan que la edad y la experiencia tengan mucho que ver en sus relaciones con los adultos. Los hijos necesariamente desarrollan gran parte de sus sistemas de creencias y actitudes ante la vida por el ejemplo que reciben de sus padres. Sin embargo, no aceptarán las percepciones de los adultos a menos que las consideren coherentes con sus propios marcos de referencia. Los hijos educados en una sociedad más liberal y altamente tecnológica no ven el mundo con los mismos ojos que sus padres.

El avance hacia la democracia y la igualdad social ha tenido un impacto significativo en las relaciones familiares. Hoy las relaciones requieren más conciencia humana, comprensión, y respeto mutuo. Durante la transición hacia una mayor libertad e individualidad, la familia se enfrenta a la difícil tarea de intentar mantener los ideales, valores, y prácticas que fueron útiles en el pasado, mientras al mismo tiempo adoptan nuevas creencias y conductas consideradas aceptables en la sociedad de hoy. La gente joven sigue necesitando reglas que les ayuden a orientarse y criterios por los que juzgarse a sí mismos y juzgar su conducta. A los padres que no sintonicen con las expectativas y percepciones de sus hijos les resultará difícil proporcionar esta valiosa ayuda.

Los hijos hoy en día no comprenden fácilmente que las relaciones democráticas necesariamente requieren respeto por los derechos de los demás a cambio de ejercer sus propios derechos y disfrutar de mayor libertad. Muchos hijos tienden a creer que sólo ellos tienen derechos y que sólo los padres tienen responsabilidades. Ejerciendo sus derechos, los hijos están menos dispuestos a someterse a las arbitrarias decisiones de recompensa o castigo de sus padres. De este modo las metodologías tradicionales para el control eficaz de la conducta de los hijos ya no son válidas. Si hay que favorecer la moral familiar y la motivación individual y dirigirlas hacia objetivos productivos y significativos, deben adoptarse, claramente, métodos alternativos.

Mala conducta de los hijos

Todos debemos esperar que los hijos hagan cosas con las que a veces no estamos de acuerdo. Experimentar y probar cosas nuevas es parte integrante de su desarrollo. Desgraciadamente, a menudo prestamos excesiva atención a esta conducta indeseable, olvidando que la mayoría de sus actos y respuestas son apropiadas y a menudo recomendables. En su instructivo libro, *Children: The Challenge,* Rudolf Dreikurs clasifica la mala conducta de los hijos en cuatro grandes categorías. Identifica los principales objetivos de la mala conducta como búsqueda de atención, poder, venganza, o sentido de la idoneidad. Recomienda a los padres que se ejerciten en considerar las motivaciones que se esconden detrás de la mala conducta de sus hijos, en lugar de considerar la conducta misma, porque esa es la única manera de dar una respuesta válida. Toda conducta, sea productiva o improductiva, tiene una finalidad.

Ésta es una útil recomendación porque la respuesta de los padres a la mala conducta es la parte crítica del encuentro. A los padres se les supone más sabios, con más experiencia, y con más control. Deberían buscar las necesidades relacionadas con el ego del hijo cuando tiene lugar la mala conducta, e intentar en lo posible satisfacer esas necesidades de una forma abierta, eficaz, y sin enfrentamientos. Los hijos buscan orientación y consejo en los miembros mayores de la familia y ponen un énfasis especial en la información. Los padres tienen que representar sus papeles como profesores y orientadores en una atmósfera de justicia, sinceridad, moderación, humildad, y afecto.

Conducta eficaz de los padres

Es demasiado fácil pasar por alto la principal finalidad de la educación de los hijos, que es prepararles para la edad adulta en un mundo con un futuro incierto, incluso para un trabajo que todavía tiene que ser inventado. Los padres tienden a concentrarse en los problemas cotidianos en su trato con sus hijos y no en la tarea principal: la formulación de la personalidad y el desarrollo del carácter. Por supuesto, esto es un proceso gradual, evolutivo, porque los hijos se desarrollan necesariamente en etapas. Sin embargo, a medida que maduran y buscan la orientación familiar hay varias técnicas que han demostrado ser eficaces.

La conducta racional implica que uno sabe lo que está haciendo, por qué lo está haciendo, y los resultados que alcanzará. Contrasta con la conducta habitual inconsciente, emocional, que es espontánea y a menudo no recomendable.

Unos padres positivos asertivos funcionarán de una manera racional conducente a establecer y mantener relaciones eficaces con sus hijos. Más importante, practicarán unas técnicas de comunicación eficaces y buscarán una mayor comprensión mediante la consideración del marco de referencia de la otra persona. Tal empatía supone la identificación intelectual de uno mismo con la perspectiva de la otra persona. Es una eficaz herramienta a emplear en todas las relaciones interpersonales, pero particularmente con niños que «discriminan» y perciben el mundo a través de filtros diferentes.

Uno no puede esperar comprender el punto de vista y la perspectiva totalmente diferente de otra persona a menos que se preocupe, esté sinceramente interesado, y sea generoso. De hecho, los padres deben no sólo tolerar los puntos de vista y los sentimientos de sus hijos, sino que deben también estimular activamente su expresión. Nunca se deben tratar las ideas de un niño con desprecio, aunque parezcan una tontería, porque se pone en peligro su autoestima. Nunca medie entre niños que se pelean imponiendo una solución arbitraria. En lugar de ello, busque las virtudes de la disputa y siga el precepto de que aquello que parezca justo y correcto en esas circunstancias debe adoptarse y prevalecer.

El desarrollo del carácter en los hijos se nutre y favorece también mediante el intercambio abierto y la transferencia verbal de valores y atributos en conversaciones, y con el ejemplo dado por los padres. Los hijos adoptan de forma natural un apego emocional a las primeras ideas y creencias a las que se ven expuestos, sean éstas correctas o equivocadas.

Las personas ponen su propio «sello» mental en determinados elementos de información que reciben del entorno, y aceptan estos preceptos como verdades (cuando a menudo no lo son) sobre las que basar sus creencias y conducta individuales. Cada «hecho» tiene un «sentimiento» asociado en nuestra estructura de la realidad subconsciente, y generalmente esta huella emocional predomina, especialmente en lo que respecta a percepciones de naturaleza tan personal como la imagen que tenemos de nosotros mismos.

Los hijos necesitan que les enseñen que una gama de huellas emocionales es a menudo válida para datos particulares, permitiendo que un elemento de objetividad entre en su estructura de la realidad. ¿Deberíamos todos sentir lástima de las personas minusválidas o de los ancianos? ¿O serían más apropiadas la empatía y la comprensión? Los hijos también necesitan que se les muestre que tienen una opción en su conducta, aunque con frecuencia no se den cuenta de ello. Los padres deben animar a sus hijos a considerar varias alternativas cuando resuelvan problemas y a considerar activamente las consecuencias de sus decisiones finales.

Al niño deben transferírsele una serie de responsabilidades en las etapas apropiadas por medio de actos y afirmaciones claros y conscientes. A un niño hay que condicionarle para que acepte progresivamente la responsabilidad de su indumentaria, de su higiene personal, de sus posesiones, y de su conducta. Los niños también necesitan que se les enseñe el valor del dinero, y el uso y mal uso que de él se puede hacer. Por ejemplo, déles un dinero de bolsillo semanal aumentándolo cada año en proporción al aumento de sus responsabilidades. Pídales que contribuyan al pago de cosas que ellos quieran comprar, pero que no necesiten realmente. Les enseñará a tener confianza en sí mismos y les enseñará también el hábito de pagar su parte en este mundo.

Los adultos pueden inculcar sentimientos de orgullo y confianza en sus hijos mediante la *transferencia directa* de atributos en intercambios verbales en las ocasiones apropiadas. La afirmación de mamá, «Catherine, estoy muy orgullosa de ti», a su hija no es tan eficaz como decir, «Debes sentirte orgullosa de ti misma, Catherine», que inculca sentimientos positivos intrínsecos. Tales transferencias verbales ayudarán a estimular la motivación en el niño para sobresalir mediante el sacrificio, el esfuerzo individual, y la práctica. La madre está también permitiendo que su hija satisfaga las necesidades de su propio ego de una forma más personalizada y que experimente la exaltación emocional y la estimulación que siguen al éxito. Practíquelo y observe la reacción de su hijo.

El Dr. Dreikurs ofrece muchos otros conceptos y consejos prácticos sobre cómo separar de los hijos los sentimientos negativos sobre la mala conducta para proteger sus egos, y cómo transferirles sentimientos positivos para fomentar sus egos. El objetivo es siempre crear una estructura de la realidad apropiada y práctica en la mente subconsciente del niño de forma que sea capaz de practicar una conducta eficaz.

Los niños no deben nunca aprender a temer los errores, pues sólo cometiendo errores pueden esperar tener éxito. Ayude a crear una percepción de los acontecimientos y circunstancias en los niños que les permita ser actores más competentes en el teatro del mundo. Permita a los niños beneficiarse de sus experiencias de la infancia en lugar de verse dificultados por ellas. Lleva mucho tiempo deshacer una imagen negativa de uno mismo una vez que ésta se ha concretado.

También puede usted ayudar a inculcar en sus hijos un sentido de aventura en la vida. Dígales cada mañana que va a ser un día estupendo y que algo bueno les sucederá. Invariablemente todos los días sucede algo bueno, y los niños lo estarán esperando y lo reconocerán inmediatamente. Tales acontecimientos adquirirán una mayor trascendencia en su estructura de la realidad. Aprenderán a esperar y a prever que ocurran cosas buenas regularmente.

Recuerde, aquello que más tememos o esperamos llegará a suceder con seguridad, pues el cuerpo manifiesta los pensamientos que la mente abriga. Ayude a cada hijo a desarrollar una actitud ganadora desde el primer día.

Los niños aprenden lo que viven

Si un niño vive con críticas, aprende a condenar.
Si un niño vive con hostilidad, aprende a pelear.
Si un niño vive con ridículo, aprende a ser tímido.
Si un niño vive con vergüenza, aprende a sentirse culpable.
Si un niño vive con tolerancia, aprende a ser paciente.
Si un niño vive con estímulo, aprende confianza.
Si un niño vive con elogios, aprende a agradecer.
Si un niño vive con imparcialidad, aprende justicia.
Si un niño vive con seguridad, aprende a tener fe.
Si un niño vive con aprobación, aprende a gustarse a sí mismo.
Si un niño vive con aceptación y amistad, aprende a encontrar amor en el mundo.

Dorothy Law Nolte

CAPÍTULO 13

IMAGINACIÓN, RIQUEZA, Y SENTIDO DE LA MORALIDAD

*No se puede comprar una nueva actitud
con ninguna cantidad de dinero.*

*Pensando en la riqueza, la salud, y la felicidad,
las atraerá a su vida.*

*El verdadero poder es darse cuenta de que
uno tiene el control de su propio destino.*

Tres compañeros

La imaginación, la riqueza, y el sentido de la moralidad son compañeros necesarios en cualquier camino hacia el éxito y la libertad. La riqueza, al igual que la salud y la felicidad, es un estado mental. La clave para obtener riqueza es fertilizar el subconsciente con la posibilidad y la idea de riqueza, adoptando así una «mentalidad de riqueza».

Napoleon Hill lo llama «conciencia del éxito» en su respetado libro *Grow Rich with Peace of Mind.* Cuando uno le pide a su mente, mediante un acto consciente, que considere su potencial para la riqueza, se beneficia de las muchas oportunidades para crear riqueza que le rodean. Puede motivar su mente para que produzca ideas creativas para hacerse rico. ¿No es sorprendente el hecho de que las personas estudien para convertirse en expertos en dirección de empresas antes de aprender a ser expertos en las oportunidades de la vida?

Al igual que en ocasiones anteriores, estamos hablando de conducta positiva asertiva entre sus mentes consciente y subconsciente. Debe usted transmitir conscientemente la posibilidad y la idea de riqueza y éxito a su mente subconsciente en términos de pensamientos específicos con un sentimiento sincero. Estos pensamientos representan su imaginación y fe en sí mismo, y sabemos que su imaginación y fe son sus principales armas. Considerar conscientemente sus posibilidades activará su mente subconsciente para crear las soluciones. La creatividad resulta de la imaginación aplicada. Estas soluciones se impondrán en forma de excelentes pensamientos e ideas según los cuales podrá actuar si lo hace con una convicción incuestionable y con un deseo sincero de triunfar. Estas ideas auto generadas desde el interior son su reserva personal y su fuente fundamental de riqueza potencial.

Algunas personas consideran incorrectamente la riqueza material inmoral y egoísta. El amor a la riqueza por motivos egoístas puede considerarse en efecto inmoral, pero al mismo tiempo no existe ninguna virtud en la pobreza ni en depender de otros para las necesidades básicas y el bienestar. La utilidad y la aceptabilidad de la riqueza es una cuestión personal que implica una percepción individual. Una persona motivada por el amor respeta la riqueza por su potencial para hacer el bien a los demás. Tales personas aprecian la riqueza y la libertad que ésta puede traer consigo: libertad para hacer lo que uno desee con su vida y con su familia, y libertad para ayudar a otros a alcanzar las mismas cimas. Sabemos que nuestra innata necesidad de satisfacer nuestro ego incluye deseo de reconocimiento, estatus, y oportunidades para demostrar triunfo, competencia, creatividad, y un grado de autonomía personal. La riqueza y la libertad son medios naturales para este fin y están disponibles con sólo pedirlas.

David demostró la capacidad de su mente subconsciente orientada hacia un objetivo para ser creativa a petición. Tomó la decisión, que sólo tuvo que tomar una vez, de estudiar en profundidad la motivación y la capacitación personal hasta escribir un libro significativo sobre el tema. Su interés, su confianza, su fe, y su sincero deseo de triunfar activaron los poderes creativos que ya existían dentro de él. El objetivo de David iba dirigido al desarrollo personal. Específicamente, deseaba convertirse en una persona más eficaz, tanto por dentro como por fuera, especialmente en sus relaciones con los demás. Al mismo tiempo, estaba interesado en compartir sus hallazgos con otras personas para que también ellas pudieran beneficiarse de sus ideas y descubrimientos.

Es interesante observar cómo alcanzan su éxito particular los grandes empresarios, científicos, e inventores de nuestro tiempo. Generalmente alcanzan su grandeza mediante la determinación, la persistencia, el pensamiento positivo, y a base de intentarlo y cometer errores. La mayoría buscan primero un área de esfuerzo que sea significativa e importante para ellos. Aprenden todo lo que pueden sobre la profesión elegida, y luego empiezan a especializarse en subsectores específicos hasta que se convierten en expertos en su campo. No consideran el dinero su principal prioridad, más bien se concentran principalmente en luchar para tener éxito en su área particular de especialización.

La verdadera motivación para triunfar requiere la comprensión y aplicación de los diez principios de la motivación. El éxito debe comenzar por un yo interior eficaz, y luego progresar hacia un manejo eficaz de los muchos retos y oportunidades de la vida. Esto es la esencia del poder personal. Incluye inherentemente un sincero deseo de ayudar a los demás y a la sociedad en su conjunto. ¿Qué trascendencia o utilidad tiene un descubrimiento o invento que sólo beneficia a una persona? Hay que encontrar un objetivo mayor que uno mismo. El soñador finalmente morirá, pero el sueño vivirá para siempre. Cuando uno encuentra una forma de ayudar a los demás, está en el buen camino para ayudarse a sí mismo. Su propio éxito depende de ayudar a otros a tener éxito a su vez.

Hacer el bien tiene sentido

Hay una evidencia psicológica innegable que demuestra que ser «bueno» y tener buen carácter tiene sentido. ¿Qué significado tiene la moralidad en nuestra sociedad moderna? ¿Cuál es su efecto en el individuo? ¿Está la buena conducta moral pasada de moda?

Las personas educadas según el código de moral tradicional del mundo occidental deben preguntarse a veces si la sociedad moderna ha perdido de vista la diferencia entre lo justo y lo injusto, y entre el bien y el mal. Debemos agradecer que la severidad de la censura social bajo el régimen victoriano haya quedado atrás con sus reglas intolerantes, su hipocresía, y su ostracismo. Ha sido una evolución positiva. ¿Pero dónde acabará todo, y cómo nos las arreglamos mientras tanto? Con la libertad moral aparece una responsabilidad proporcional para ejercer dicha libertad dentro de unos límites. Debe haber algunas reglas fundamentales si las personas quieren vivir juntas en armonía dentro de la sociedad.

Will Durant parafraseó el pensamiento de Platón sobre esta cuestión en *La Historia de la Filosofía* como sigue:

> *Todos los conceptos morales giran en torno al bien del todo. La moralidad empieza con la asociación, la interdependencia, y la organización; la vida en sociedad requiere la concesión de una parte de la soberanía individual al orden común; y al final, la norma de conducta se convierte en el bienestar del grupo.*

La liberación moral ha trasladado la responsabilidad de

la conducta social desde las instituciones y desde el todo colectivo hasta las espaldas de los individuos. Nuestro mundo se convierte en un lugar mejor o peor para vivir según la suma de las respuestas individuales y de los actos de cada día. Como George Bernard Shaw advirtió, «Libertad significa responsabilidad. Por eso la mayoría de los hombres la temen».

Los optimistas creen que el hombre es intrínsecamente bueno. Su filosofía sostiene que un hombre debe esforzarse para encontrar, realizar, y expresar el bien intrínseco que es inherente a su naturaleza. No existen atajos. A aquellos que tienen intención de «conseguirlo» a toda costa, necesariamente no les importan los demás. La ironía es que el verdadero éxito sólo tiene sentido cuando otros se benefician también. Los oportunistas aprenden pronto que la satisfacción de hoy es sólo la pena de mañana. De hecho, la expectativa de la satisfacción inmediata por parte de la juventud de hoy en día es el azote de nuestro tiempo. La gente a menudo gasta demasiado hoy, esperando ganar mañana. Otros recurren a las drogas para alcanzar una plenitud mental artificial. Carecen de confianza en su capacidad para triunfar en la vida y de la auto disciplina necesaria para aprender lo que hay que aprender.

La implacable búsqueda de los bienes materiales y de otros aderezos del éxito es otra preocupación de muchos, pero éstos representan un logro vacío y sin sentido si se buscan por razones egoístas. No pueden ser sustitutos para la dignidad y para el reconocimiento del auténtico valor de una persona por la sociedad. No sacrifique sus principios y valores morales por riqueza material con fines egoístas, pensando que el fin justifica los medios. La paz interior es el objetivo fundamental de todos, y la culpa y el remordimiento nos son emociones positivas o estimulantes que contribuyan a ella.

Nuestros valores no pueden ser comprometidos sin pagar

un alto precio. La conducta inmoral o no ética rebaja nuestro concepto de nosotros mismos, incluso cuando somos los únicos conscientes de dicha conducta. Nuestra mente subconsciente es la depositaria de nuestro sistema de valores personal y no puede evitar darse cuenta de lo que pasa. Exploremos ahora las motivaciones de personas que han obtenido recientemente reconocimiento por grandes logros, o que influyen en nuestras vidas diarias.

Valcourt, un pintoresco pueblo rural en la provincia de Quebec, al este de Canadá, asegura ser el lugar de nacimiento de Armand Bombardier (1907-64), el Henry Ford del automóvil para viajar por la nieve. De niño, empezó desmontando viejas armas de fuego, máquinas de coser, y ruecas para ver cómo funcionaban. Pasó a construir cosas nuevas cuando, con diez años, construyó un tractor de juguete que funcionaba, utilizando piezas de un reloj desmontado. A los quince años ya había construido su primera «máquina para la nieve» para ayudar a la gente del lugar a atravesar las montañas de nieve que en invierno limitaban el acceso a las carreteras principales. Cuando empezó de aprendiz de mecánico a los diecinueve años, Armand pasaba cada minuto libre perfeccionando su insólita creación, investigando, construyendo, y probando varios modelos y mecanismos. Nueve años después, inventó una rueda motriz y un mecanismo de oruga revolucionarios para enganchar la carrocería de un coche a unos esquís que podían conducirse. Esto se convirtió en el prototipo del primer automóvil para nieve. El artificio abrió vastas extensiones al deporte y a las operaciones de explotación forestal, antes inaccesibles en invierno. El invento de Armand Bombardier satisfizo una necesidad compartida por sus conciudadanos. A principios de los años setenta, una década después de su muerte, más de un millón de vehículos habían salido ya de la cadena de producción de Quebec.

Los atletas olímpicos son también un ejemplo fascinante. Se ven obligados a soportar sufrimientos extremos, privaciones, y a menudo intenso dolor físico, mientras demuestran a la vez el grado más alto posible de determinación, persistencia, compromiso, disciplina, y deseo de triunfar. Ponen a prueba sus aptitudes naturales hasta el límite en abierta competición con otros, en busca de la proeza humana en la resistencia física, la fuerza, la agilidad, y la técnica. Personifican el espíritu olímpico: seres humanos decididos a ser lo mejor que puedan ser.

Terry Fox, el canadiense víctima del cáncer que intentó con una sola pierna su «Maratón de la Esperanza» a través de Canadá en 1980, cautivó la ilusión de la gente en toda Norteamérica. Su motivación no incluía el reconocimiento personal, sino más bien centrar la atención de la gente en la necesidad de incrementar el apoyo económico a la investigación médica de las causas del cáncer, de forma que otros pudieran salvarse. Terry no completó su recorrido, muriendo en el intento, pero dejó tras de sí un sentido de la determinación mayor que él mismo. Terry Fox y la esperanza que inspiró siguen vivos, ahora una década después, a través de las carreras que en su honor son organizadas en las ciudades de Estados Unidos y Canadá cada año.

Los políticos son un grupo que disfruta de una cada vez menos favorable, a veces indeseable, reputación porque muchos parecen más motivados por el beneficio personal que por el bien público. Tales personas sólo crean escepticismo, incluso cinismo, hacia el proceso político. La gran mayoría, afortunadamente, parecen tener el bienestar de sus electores y de su país en primer lugar en sus mentes, y aceptan el desafío del Presidente Kennedy: «Preguntáos no qué puede hacer vuestro país por vosotros, sino qué podéis hacer vosotros por vuestro país». En el fondo, el gobierno del pueblo, para el pueblo, es por el pueblo, y los políticos deben comprender que si pierden la fe y la confianza pública, pierden también la posición de responsabilidad a ellos confiada por el electorado. Al final, todos somos responsables de nuestros actos.

Conducta positiva Asertiva

Las personas positivas asertivas están bien situadas para actuar eficazmente y en armonía unas con otras en esta sociedad liberada. La libertad exige necesariamente personas que piensen con cuidado en su conducta, y que consideren sus preocupaciones y deseos inmediatos teniendo en cuenta las futuras consecuencias, incluyendo sus efectos en los demás. Las personas positivas asertivas obran de esta manera, compartiendo necesidades y recompensas equitativamente y con mutuo respeto en encuentros individuales. Reconocen y aceptan la opinión de que uno de los auténticos retos y esperanzas de la vida es crear y esperar con ilusión la siguiente etapa del desarrollo personal. Están de acuerdo con Lora Acton que escribió que «la gran esperanza de la sociedad es el carácter individual». También han descubierto que la consideración y el tratamiento respetuoso hacia los demás es correspondido, y que su sentido de la lealtad está compuesto y aderezado por comprensión, generosidad, y un verdadero sentido del compartir.

Si usted pudiera frotar su lámpara dorada y obtener cualquier deseo del mundo, ¿qué pediría? Aquellos que comprendan bien los conceptos y principios descritos en este libro no deberían dudar en contestar: mi deseo es adquirir y aprender cómo aplicar la motivación y el poder personal en mi vida, porque sé que el verdadero poder es darme cuenta de que tengo el control de mi propio destino.

¡La motivación y el poder personal son esenciales para una vida feliz! De todas las criaturas sobre la tierra, sólo el hombre puede imaginar su futuro y creer que puede hacerse realidad. La imaginación creativa y la fe son las más poderosas de todas nuestras facultades. Están dentro de cada uno de nosotros para ser explotadas a voluntad. Utilizando nuestro mecanismo interno del éxito, tenemos a nuestro alcance la capacidad inherente de llegar a ser lo que deseamos. Esta es una verdad universal puesta de manifiesto todos los días.

La importancia de la libre voluntad

Tal potencial para el éxito, por supuesto, es más fácilmente realizable en sociedades democráticas, abiertas, en las que los individuos pueden ejercer su derecho a la libre voluntad en su búsqueda de la felicidad. ¡Qué poco valora la mayoría de la gente esta libertad!

El concepto de libre voluntad y las instituciones democráticas se remontan varios miles de años. Nuestra generación quizás lo recuerde mejor como el tema central de la Declaración de Independencia Americana escrita por Thomas Jefferson en Filadelfia en 1775. En parte reza: «Sostenemos que estas verdades son evidentes por sí mismas, que todos los hombres son creados iguales y dotados por el Creador de ciertos derechos inalienables; entre éstos está la vida, la libertad, y la búsqueda de la felicidad. Para garantizar estos derechos son instituidos los gobiernos, recibiendo sus poderes del consentimiento de los gobernados. Cuando cualquier forma de gobierno vaya en contra de estos fines, es derecho del pueblo cambiarlo».

Más adelante en su vida, Jefferson identificó las fuentes para el documento: «Toda su autoridad descansa en los sentires armonizados del momento, expresados en conversaciones, en cartas, en cnsayos impresos, o en libros elementales de derecho público, como Aristóteles, Cicerón, Locke, y Sidney».

Claramente, la libre voluntad es un principio fundamental de nuestra forma de gobierno democrático que garantiza nuestros derechos humanos básicos. Representa el explícito reconocimiento de que las personas pueden tener sus propios sueños y perseguirlos a voluntad. Las personas deben aceptar el reto, sabiendo que tienen el poder innato de lograr sus objetivos para beneficio colectivo de la sociedad. Todos deberíamos esforzarnos para dejar este mundo mejor de lo que nos lo encontramos.

El bienestar económico de nuestro sistema de libre empresa depende, de hecho, de la libre voluntad, donde la iniciativa individual, la creatividad, y la habilidad contribuyen todas a la realización de nuevas inversiones y a los medios de producción, resultando finalmente en beneficios o en pérdidas. Las leyes de la oferta y la demanda y de la supervivencia de los mejor dotados controlan el mercado, y las personas son libres de encontrar su lugar dentro del sistema y de buscar las recompensas que éste ofrece. Se les anima a que dirijan sus talentos y energías individuales hacia la acumulación de riqueza en abierta competencia con otros, cada uno en busca de su propio sueño.

El secreto del éxito en los negocios es muy simple: encuentre una necesidad y satisfágala. A menos que su producto o servicio esté dirigido a ayudar a la gente a resolver sus problemas, nunca triunfará a largo plazo. En una sociedad libre, los demás harán negocios con usted sólo si usted tiene sus intereses en mente. El sistema de libre empresa se basa en leyes naturales sobre la conducta humana, y generalmente recompensa a aquellos que más contribuyen a la sociedad.

¿A qué está usted esperando?

Sabe un poco más sobre sí mismo y sobre lo que le motiva.

Sabe que ha sido creado para dominar su propio destino.

Conoce las recompensas.

Sabe por dónde empezar... ¡simplemente adquiera, y aprenda cómo aplicar, los diez principios de la motivación y diviértase en el camino!

¡Escriba su propia declaración de independencia y empiece a hacer que sucedan cosas que determinen su futuro!

CAPÍTULO 14

ESTABLECER OBJETIVOS CON ÉXITO

*Todos somos capaces de programar
pensamientos ilimitados en
nuestros ordenadores mentales.*

*Desarrolle un sincero interés por su trabajo
y descubrirá que es capaz de controlarlo,
en lugar de que él le controle a usted.*

*Cuando uno hace constantemente
aquello que se le da mejor,
¡no puede evitar tener éxito!*

Formulación de objetivos

Todo logro, sea grande o pequeño, empieza con una idea. Aunque las ideas en general no escasean, las ideas creativas e innovadoras sí, y también las personas que pueden convertirlas en realidad. Como Victor Hugo dijo una vez, «Nada es más poderoso que una idea a la que le ha llegado su hora». Sabemos que nuestros pensamientos son el poder fundamental del universo.

¡Hay magia en pensar a lo grande! ¡Espere y confíe en que sucederán grandes cosas! ¡Implíquese! Aumente deliberadamente su autoestima ejerciendo su propia influencia sobre los acontecimientos. Ilusiónese por la vida y sus oportunidades para triunfar. Piense en objetivos y aspiraciones que le interesen. Los objetivos generan ilusión y energía, y ayudan a concentrar el esfuerzo; son el camino para realizar cambios en su vida. Escríbalos y memorícelos; divida cada uno de ellos en sus partes constituyentes e identifique actividades específicas que conduzcan a su logro. Imagínese alcanzando cada objetivo en su mente y establezca un tiempo límite para lograrlo. ¡La talla de una persona la determina la talla del objetivo al que se compromete! Intentarlo es tener éxito.

¿Qué objetivos son apropiados para usted a la vista de su potencial para el triunfo? Las ideas son cosas, cosas muy poderosas, ¡y pueden convertirse en sus objetivos! Cuando una idea encuentra su momento y su voz, adquiere una fuerza propia.

¡Tómese tiempo para pensar! Explore su mente. La mayor satisfacción la obtendrá de utilizar su potencial sin explotar para lograr objetivos establecidos por usted mismo, más que de objetivos establecidos para usted por los demás. Decidir qué es lo que uno quiere es a menudo más difícil que obtenerlo. Debe usted saber a dónde quiere ir, ya que trabajará para lograr un objetivo sólo si tiene en mente un objetivo por el que trabajar.

Tenga presente esta sencilla regla, PRAGA, cuando formule sus objetivos personales. Elija objetivos que sean:

P - Prácticos
R - Razonables
A - Asequibles
G - Grandes
A - Apasionantes

Como afirma Ari Kiev en su perspicaz libro *A Strategy for Success*, «El compromiso con una idea u objetivo facilita la concentración de la atención y el esfuerzo, y ayuda a proporcionar valor para correr riesgos calculados a fin de superar las inhibiciones y dominar el miedo al fracaso».

La formulación de objetivos es aplicable tanto a su vida personal como a su carrera profesional, y puede complementar ambas. Por ejemplo, un supervendedor de una gran corporación puede decidir formar su propia compañía y empezar a vender por sí mismo. A mcdida que las personas con éxito ascienden en sus pirámides del ego, tienden a buscar oportunidades profesionales que ofrezcan mayor realización y un mayor grado de autonomía personal.

Hay técnicas probadas en la formulación de objetivos que puede que usted desee considerar. ¡Elija un objetivo que sea lo suficientemente grande como para que los demás piensen que es imposible! Una vez que reaccionen así, usted sabe que tiene un desafío. ¡Se habrá unido usted al Club Te Desafío A Que Lo Intentes! Elija un objetivo que no esté directamente relacionado con ganar una cantidad de dinero determinada, sino con satisfacer una necesidad específica. Por ejemplo, opte por un número concreto de llamadas por día dirigidas a revisar las necesidades de su clientela elegida, y por las recompensas económicas que de ellas se derivarán. Elija un objetivo que implique el uso constante de sus mejores talentos y el tipo de trabajo por el que sienta más entusiasmo; luego empiece a poner en práctica su objetivo sin demora, como si no hubiera un mañana.

Todos nosotros, da igual cómo nos ganemos la vida, trabajamos para nosotros mismos. Nuestro éxito depende de nuestra capacidad para satisfacer nuestras necesidades internas, lo cual sólo puede lograrse satisfaciendo las necesidades de otras personas. Todos tenemos el poder de coger, pero este enfoque nunca es productivo a largo plazo. También tenemos el poder de dar en cantidades ilimitadas y en variedad de formas. La capacidad de recibir, sin embargo, debe aprenderse y ganarse. Aunque parezca irónico, recibimos al dar, sea afecto a nuestros seres queridos o servicio a nuestros clientes.

Sabemos que un negocio con éxito prospera definiendo

ciertas tareas y actividades y siendo el mejor en ellas. Este es el objetivo fundamental. De igual manera, las personas necesitan hacer inventario de sus puntos fuertes, determinar en qué sobresalen, y decidir qué es lo que más les interesa. Cuando haya identificado todo ello mediante un auto análisis crítico, despliegue todos sus recursos y ataque en esa dirección. ¡Sus aptitudes y talentos naturales le impulsarán hacia su objetivo! Las personas que hacen constantemente aquello que se les da mejor y se divierten con ello no pueden dejar de triunfar. ¡Nada puede impedírselo!

Enriquecer el trabajo

Pongamos este práctico consejo en práctica en una situación de trabajo, sabiendo que muchos empleados no están satisfechos donde están.

Hoy en día la mayoría de los puestos de trabajo en el gobierno o en la industria tienen una detallada descripción de sus funciones. Alguien se sentó en algún momento e hizo una lista de todas las responsabilidades clave de cada puesto en particular. En efecto, ¡aquí dice que se espera que este robot realice estas tareas y sea feliz realizándolas! Desafortunadamente, las personas no son robots y no puede ordenárseles que sean felices. Dejando a un lado las relaciones patrón-empleado que nos han metido en esta difícil situación, ¿qué puede hacerse?

Primero, démonos cuenta de que la persona que realiza efectivamente estas tareas conoce mejor que nadie lo que implican. El supervisor tendrá algunos conocimientos, pero el experto es el que realiza el trabajo. Entonces, ¿quién está mejor cualificado para enriquecer ese trabajo, y cómo?

Por supuesto, son los empleados los que tienen que ser capaces de introducir algo de sí mismos en su trabajo, identificando qué es aquello que se les da bien y qué es lo que más les gusta hacer, e integrando después estos parámetros en su trabajo con todo el apoyo y las bendiciones de sus supervisores. A menudo los empleados están tan condicionados a responder que han olvidado cómo tomar la iniciativa. Sin embargo, si se les permite contribuir, los objetivos personales de los empleados se incorporan a la estructura de objetivos de la organización, y las necesidades de todos son satisfechas. Ahora los empleados tienen lo que desean, y la organización gana también con una mayor productividad.

La delegación de responsabilidad es otra forma importante de aumentar la productividad mientras se mejora a la vez la moral de los empleados, ya que permite que otros le ayuden a uno conseguir más de lo que tiene que hacer de una forma más rentable. Todo trabajo debería realizarse en el nivel más bajo posible de competencia, ya que no tiene sentido económico tener a una persona con sueldo más alto haciendo un trabajo que otra persona con un sueldo no tan alto podría hacer igual o mejor.

Además, a menudo es necesario elevar problemas particulares a una autoridad superior. Se puede esperar que los empleados en cualquier nivel de la organización tomen decisiones sólo dentro de su ámbito de responsabilidades. Debe permitírseles concentrarse en estas áreas, y animárseles a trasladar otras a supervisores y directores para asegurarse de que no se ven estorbados por problemas de los que se pueden encargar mejor personas de categoría superior.

Entre en su futuro

Fundamentalmente, el éxito en la vida significa dominio sobre la propia vida. Ello se produce cuando uno ejerce su poder personal para acceder a su futuro. Primero, es una cuestión de preparación mental apropiada; todos tenemos la capacidad de adoptar actitudes mentales emotivas productivas que invoquen:

* el poder del deseo
* el poder de decisión
* el poder de la fe
* el poder del valor
* el poder de la persistencia
* el poder de la disciplina
* el poder del compromiso
* el poder del entusiasmo
* el poder de la iniciativa
* el poder de la gratitud
* el poder de las imágenes
* el poder del optimismo
* el poder de la empatía
* el poder de la resolución
* el poder de la percepción
* el poder de la concentración
* el poder de la sugestión
* el poder de la elección

Segundo, es una cuestión de acción física aplicada de forma constante hacia un objetivo específico. Necesitamos adquirir conocimientos especializados, organizar un plan de acción, y asociarnos con personas que piensen como nosotros, nos apoyen y nos ayuden a estimular nuestro pensamiento.

Recuerde que todas las fuerzas dinámicas, como bolas de nieve gigantes rodando montaña abajo, se atraen de la misma forma: crecen, maduran, y crean su propio momento.

Su carro de fuego

Si sigue usted el consejo de este libro, su vehículo personal se transformará en un carro de fuego. Irradiará confianza, poder, y sentido de la dirección. Todo este esfuerzo por su parte le colocará en un nivel mental muy superior al de sus semejantes. Se encontrará en plenitud mental, sostenido simplemente por sus pensamientos y sentimientos positivos y por su ilusión por el futuro. Es un sentimiento de euforia, una tremenda sensación de bienestar caracterizada por un estimulante vigor y energía. Le diferenciará de sus semejantes y le sostendrá en sus relaciones con los demás.

Una advertencia: No todo el mundo entenderá su nueva actitud mental o aceptará su nuevo sentido del yo. Cómo reaccione usted ante esto es muy importante. Usted no puede serlo todo para todo el mundo, pero debe mantenerse fiel a sí mismo. Aprenda a comprender y a tolerar los puntos de vista y las limitaciones de los demás y de usted mismo. No juzgue a los demás con los mismos criterios con los que se juzga a sí mismo. Y aprenda a aceptar las críticas de los demás, porque tienen razón desde sus propios puntos de vista.

Al final, uno sólo puede ser responsable de su propia conducta. No intente impresionar a otras personas, más bien, hágales saber lo mucho que le impresionan ellas a usted, y estarán más receptivas ante sus puntos de vista.

Está usted empezando un viaje que, de hecho, pocos se atreven a realizar. Ahora toda la cuestión de su éxito gira en torno a dos únicas cosas: ¡su capacidad natural y la profundidad y fuerza de sus deseos! Está usted abriendo un camino que otros seguirán. Está dando el ejemplo y marcando el ritmo. Ha encontrado usted el poder para vencer: ¡su camino hacia una vida feliz!

Finjamos

De niños, uno de nuestros pasatiempos favoritos era fingir. Al hacernos mayores, sin embargo, se nos pasó la edad para lo que pensábamos era un juego bastante tonto y adoptamos una actitud más seria ante la vida. Desafortunadamente, con ello, acabamos restringiendo nuestras opciones y rebajando nuestras expectativas. ¡Aceptamos nuestro destino!

Cada día representamos el papel de cómo nos vemos a nosotros mismos en el teatro de la vida. Como cualquier buen actor, sin embargo, deberíamos aceptar nuevos retos e intentar papeles diferentes. Quizás entonces encontremos uno que nos convierta en personas más eficaces y felices.

Recuerde, nos convertimos en la persona que nos pasamos más tiempo siendo cada día. ¡Así que empiece a pasar cada día siendo la persona que quiere llegar a ser!

CAPÍTULO 15

LOS DIEZ PRINCIPIOS DE LA MOTIVACIÓN BASADOS EN LA CONDUCTA POSITIVA ASERTIVA

Ser profesor,
enseñar a otros a ayudarse a sí mismos,
debe ser considerado ciertamente una tarea noble.

Muchas personas han pasado toda su vida, y
han hecho una fortuna, haciendo cosas corrientes
extraordinariamente bien...
Ah, pero ¿por dónde empezar?

La motivación es un músculo
que necesita ejercicio continuo.

Para contribuir en alguna pequeña medida a ayudar a los demás y a ayudarse a sí mismo, imagínese dando el siguiente discurso a una audiencia de mil personas. Ahora usted es el profesor, en lugar del estudiante, y el portador de buenas noticias para aquellos que verdaderamente las necesitan, para aquellos que buscan la motivación y el poder personal: ¡el poder de vencer!

Recapitulación: Los diez principios de la motivación basados en la conducta positiva asertiva

Damas y caballeros, estoy emocionado y entusiasmado por estar aquí. Como saben, se me conoce como el Maestro Motivador.

En esta ocasión, vamos a ahondar en un tema, el cual en realidad es una ciencia llamada motivación. ¿Por qué debemos hablar de este tema? Debemos hablar de la motivación porque la mayoría de las personas van por la vida dando casi todo por sentado.

Las personas en general tienen expectativas positivas sobre la vida. La mayoría creen que poseen una razonable capacidad para comprender qué es lo que se necesita para alcanzar un nivel de éxito medio, profesional, personal, y socialmente. En la mayoría de los casos, estas percepciones no son puestas en duda por nadie ni por nada, y se convierten en la realidad de cada persona.

En cierto modo, estas percepciones limitan a estas personas a tener técnicas de relaciones humanas corrientes y a un nivel de éxito razonablemente medio. Logran justo lo que eran sus expectativas.

Puede que estas personas miren a su alrededor y vean a otras personas que parecen más competentes, más intensas, e incluso con más éxito, y decidan que esas personas sencillamente tienen suerte o nacieron así. Simplemente lo aceptan como el destino.

Sin embargo, sabemos que eso no es así. Las personas que piensan en términos de resultados mediocres se limitan a conseguir resultados mediocres sin considerar las alternativas. Nunca descubren qué les convirtió en mediocres, y lo atribuyen a la pura casualidad o a las circunstancias.

Un pragmático podría muy bien decir que estudiar los conceptos motivacionales y las técnicas de relaciones humanas está bien, pero si esas ideas funcionan tan bien, entonces ¿por qué no hay más personas motivadas que las hayan aplicado y que estén gritando su descubrimiento al mundo?

Esta es una observación válida. La humanidad tendrá que responder a ésta y a otras cuestiones colectivamente en algún momento, incluída la de por qué tantas personas no han conseguido desarrollar todo su potencial.

Yo creo que parte de la respuesta es que las personas sencillamente no aceptan el hecho de que tienen una serie de poderes increíbles dentro de ellas, y de que tienen la capacidad de asumir el control de sus vidas. Consideran esta afirmación demasiado buena para ser verdad incluso antes de probarla. Además, hay pocos profesores de motivación entregados que estén cualificados y sean creíbles. Finalmente, la motivación no es aceptada como una ciencia merecedora de estudio en el sentido académico por las instituciones educativas. Por tanto, las personas se encuentran solas para aprender cómo descubrirla y aplicarla en sus vidas diarias.

La motivación es una de esas cosas que nos vienen a la mente de vez en cuando, un breve pensamiento que entra a hurtadillas en nuestra conciencia y que generalmente desaparece igual de rápido. Para la mayoría de la gente, la motivación por sí misma implica deseo, energía, y concentración, pero no mucho más. La gente la reconoce cuando la ve en los demás, pero la mayoría no tiene ni idea de cómo adquirirla para sí mismos. Y no sabiendo más de ella, ¡la mayoría de las personas no están ni siquiera seguras de si la desean! La finalidad de esta discusión es ayudarles a saber más sobre qué es, qué puede hacer por ustedes, y cómo adquirirla si lo desean.

Todos nos damos cuenta, muy dentro de nosotros, de que somos mejores de lo que nuestro rendimiento actual indica. Esta verdad interior debería ser incentivo suficiente para que todos maximizáramos nuestro potencial natural innato. La motivación debe interesarnos a todos porque sólo con ella podemos esperar obtener más satisfacción en la vida. Uno de nuestros principales desafíos es crear para nosotros el tipo de vida que nos haga sentirnos orgullosos y realizados. También sabemos que cada uno de nosotros estamos hoy exactamente donde la suma de todos nuestros pensamientos y actos nos ha llevado. Si aprendemos a controlar nuestros pensamientos y actos y hacemos que trabajen para nosotros, en lugar de contra nosotros, y hacia objetivos y metas valiosos, nuestro futuro está asegurado.

Llegados a este punto pueden preguntarse por qué me considero cualificado para hablar sobre el tema de la motivación. Tengo una respuesta sencilla y honesta: mi única cualificación es que no la tenía, decidí que la quería, descubrí cómo adquirirla, ¡y ahora la tengo! Estoy simplemente tomándome el tiempo de compartir con ustedes mi experiencia y cómo llegué a conseguirlo.

En términos sencillos, la motivación se produce cuando un estado interior de inquietud es dirigido intencionadamente hacia un estado exterior de satisfacción mediante un deseo sincero. ¡Es una especie de levántate y anda personal! La motivación les proporcionará poder personal, en otras palabras, la capacidad de influir en sí mismos, en otras personas, y en acontecimientos de sus vidas para satisfacer sus necesidades internas.

Ésta no es en absoluto la única definición, pero es una definición interesante y práctica que puede ser explicada y comprendida en términos de la conocida jerarquía de necesidades humanas de Maslow. Muestra sencillamente que una vez que las necesidades básicas como alimento, cobijo, y seguridad han sido satisfechas, las personas sanas luchan por las necesidades relacionadas con el ego, incluyendo: sentido de la idoneidad, importancia, afirmación, éxito personal, reconocimiento, y felicidad.

Parecería entonces que las personas motivadas están siempre un poco insatisfechas, porque a medida que avanzan resueltamente por el camino del ego y alcanzan una satisfacción tras otra se sienten inmediatamente tentadas por la siguiente que tienen delante. Al mismo tiempo, alcanzando cada nivel sucesivo, avanzan con más confianza porque están alimentadas por la última satisfacción que acaban de consumir.

Así que si todo va bien en este viaje, éste se va manteniendo a sí mismo y es cada vez más satisfactorio. ¡Parece divertido! Suena como un viaje que se paga a sí mismo una vez que uno sube a bordo. Es el tipo de viaje que todo el mundo debería considerar seriamente. Ahora estamos llegando a algún sitio. Sólo tenemos que descubrir el precio de admisión sabiendo que una vez que estemos dentro es un viaje libre de diversión todo el camino.

Esto nos lleva a nuestro tema, los diez principios de la motivación. Son el precio de admisión. Un *principio* es la fuente fundamental, el origen, o la causa de algo. Nuestro trabajo es identificar, describir, y aprender cómo adquirir esos ingredientes esenciales o principios que necesitamos para crear inquietud dentro de nosotros. Una vez que hayamos creado esa inquietud, Maslow nos ha dicho a dónde ir: ¡hacia arriba en su triángulo! Sólo necesitamos despertar nuestros apetitos, ascender resueltamente por el triángulo de Maslow, y aprender a elegir los pasos apropiados para no vacilar en el camino.

Como todos pensamos en ideas e imágenes más que en palabras, sería muy útil dar a la gente un modelo de conducta coherente con la eficacia en las relaciones humanas y con el éxito para que lo emulen en sus vidas diarias. A este fin, tengo la intención de crear una persona imaginaria, con una personalidad eficaz orientada hacia un objetivo que represente un modelo para análisis y consideración de todos nosotros. Este modelo pretende ser apropiado en muchos aspectos relacionados con las necesidades y aspiraciones humanas: los dos elementos claves que hemos dicho constituyen la motivación misma.

He elegido como modelo de conducta apropiado el de una persona positiva asertiva con rasgos de personalidad, cualidades, y aptitudes específicas coherentes con necesidades relacionadas con el ego ganadoras. Por supuesto, no hay un modelo que sea totalmente apropiado para todo el mundo. Cada persona debe juzgar por sí misma qué aspectos de este modelo considera apropiados para ella y coherentes con su sistema de valores personal y con sus expectativas de la vida. El modelo de conducta de una persona positiva asertiva ofrece sólo un «por ejemplo»: una posibilidad de reflexionar sobre qué tipo de persona desea uno llegar a ser. Puede servirles de punto de referencia para medir sus progresos adquiriendo motivación, y con ello recibir todas las recompensas que ésta proporciona, que muy oportunamente resultan ser también todas sus necesidades.

Los términos *positiva* y *asertiva* son complementarios en el sentido de que el primero implica afirmación constructiva y el segundo declaración activa. Aserción es simplemente la acción de declararse uno mismo a los demás: quién es, qué piensa, y qué siente. Caracteriza un enfoque activo más que pasivo de la vida. La conducta positiva asertiva es evidente en una comunicación personal que es abierta, directa, y honesta. Demuestra que uno está dispuesto a afirmar sus derechos en las circunstancias apropiadas y en la forma apropiada, mientras al mismo tiempo reconoce y respeta los derechos de los demás. El objetivo es adquirir una confianza tranquila y serena combinada con un intenso sentido de la conciencia, sensibilidad, y espíritu práctico.

No existe una panacea o solución perfecta para los muchos problemas de la vida. Todos debemos aprender a cometer errores, y a descubrir lo que funciona mejor para cada uno de nosotros. Cada individuo es único, y cada uno de nosotros debe encontrar su propio camino en la vida.

Ahora utilizaremos el modelo de conducta de una persona positiva asertiva para describir e ilustrar con detalle los diez principios de la motivación, que son los siguientes:

1. una imagen positiva de sí mismo
2. una percepción positiva de los acontecimientos externos
3. una actitud mental positiva
4. pensamiento positivo
5. conducta positiva asertiva
6. técnicas de relación individual eficaces
7. compromiso personal
8. incuestionable fe en sí mismo
9. uso creativo de la mente subconsciente
10. un deseo sincero e intenso de triunfar en cooperación con otras personas

Estos principios representan diez pasos progresivos e interrelacionados a seguir para motivarse a sí mismo: ¡las diez marchas para que su vehículo alcance la máxima velocidad! Cada uno de nosotros poseemos y aplicamos ya muchos de estos principios en nuestras vidas diarias en grados variables, principalmente de forma inconsciente y por la fuerza de la costumbre. En cierto modo nos ayudan a salir del paso cada día. Sin embargo, utilizados conscientemente y más eficazmente, y con un fin más noble en mente, podemos disfrutar de cada día al máximo. Antes debemos darnos cuenta de que todos estos innatos e imponentes poderes mentales está ya dentro de nosotros, sin excepción, y están alerta, preparados y dispuestos a esforzarse si así se lo ordenamos. ¡Todo esto y mucho más está ahí con sólo pedirlo!

Si lo piensan, nadie empieza la vida con ninguna de las cualidades y características necesarias para tener éxito totalmente desarrolladas. Si las dejan al azar, desarrollarán algunas por el camino, unas antes, otras después, y algunas nunca. Pero no tiene por qué ser así. Ustedes tienen control sobre este proceso si eligen actuar.

Consideren, por ejemplo, el hecho de que puede que uno no sea un experto profesor, vendedor, u orador; pero si *cree* firmemente, en quién es y en lo que puede lograr, entonces ¡todo es posible! Pocas personas se dan cuenta de que uno se convierte en aquello en lo que piensa. La gente debería meditar cuidadosamente cuáles son las imágenes que desea porque ¡uno se convierte en aquello que imagina, si cree que puede!

Este curioso fenómeno es cierto. Estudios científicos demuestran que nuestra mente subconsciente no puede distinguir entre una imagen verdadera de la vida real y una experiencia artificial o imaginada visualizada conscientemente con todo detalle. Un ensayo general mental imaginado correctamente es tan eficaz como un ensayo general real. En ambos casos, estamos introduciendo nuevos datos en nuestro subconsciente. Imaginar o tener experiencias artificiales, practicadas conscientemente y con gran detalle, es en realidad crear un programa falso que la mente acepta como real. ¡Las técnicas de imágenes creativas le transformarán, literalmente, en la persona que desea ser!

Nadie desea viajar por la carretera de la vida con su vehículo bloqueado en punto muerto. Así que ¿por qué no imaginar que se convierte en una persona que practica una conducta positiva asertiva eficazmente y utilizar los diez principios de la motivación para que le lleven a donde desea ir? ¡Decídase a coger la autopista y a viajar en directa!

De esta manera, con el tiempo, transformará su imagen de sí mismo, sus percepciones de los acontecimientos externos, su actitud mental y su personalidad, en las de una persona con técnicas de relaciones humanas eficaces, coherentes con necesidades ganadoras. Su imagen de sí mismo levanta barreras psicológicas en su mente que definen para usted lo que espera o no espera lograr en la vida. Sus expectativas, junto con sus percepciones, son elementos fundamentales de su sistema de creencias personal. Sólo necesita ampliar la imagen que tiene de sí mismo para ampliar el ámbito de lo posible para usted.

Por ejemplo, cada día, cuando actúe según esa nueva imagen de sí mismo, la gente que le rodea empezará a reaccionar ante ello. Obtendrá reacciones positivas o negativas en proporción directa a cómo esté satisfaciendo las necesidades relacionadas con el ego de otras personas en encuentros individuales. Cuando empiece a recibir reacciones positivas constantemente, sabrá que se está relacionando con los demás de acuerdo con sus estructuras de necesidad, permitiendo así que ellos satisfagan las necesidades de usted.

Las personas nos podemos relacionar unas con otras sólo de una en una cada vez, y sólo de cuatro formas principales:

1. Podemos tomar aquello que necesitamos sin dar nada a cambio. Esta agresiva postura no puede ser productiva con el tiempo.

2. Podemos satisfacer las necesidades de la otra persona y esperar que ella a su vez sea amable con nosotros. Paga uno un precio tremendo por ser pasivo, esperando y rogando por sus necesidades.

3. Podemos obrar por instinto y no preocuparnos de lo que ocurra.

4. Podemos dar y tomar según las necesidades de cada uno basándonos en una conducta positiva asertiva.

Si adapta su conducta para tener en cuenta esta nueva realidad, sus encuentros diarios se convertirán en sus días de éxito, sus días de éxito se convertirán en sus semanas de éxito, sus semanas de éxito se convertirán en sus meses de éxito, y así sucesivamente.

Haga cosas corrientes extraordinariamente bien

Si aprende usted a hacer las siguientes cosas corrientes extraordinariamente bien, no hay límite para lo que puede conseguir en la vida. Su único límite es su imaginación.

* Tenga fe en que posee dentro de sí los rasgos de personalidad, las cualidades, y las aptitudes necesarias coherentes con necesidades «ganadoras».

* Percíbase a sí mismo y perciba los acontecimientos externos de tal forma que le conviertan en una persona más eficaz.

* Intercambie necesidades y recompensas en encuentros individuales justa y equitativamente, y con mutuo respeto.

* Aprenda y aplique técnicas de imágenes creativas para introducir experiencias artificiales apropiadas en su mente subconsciente.

* Aprenda a utilizar su mente consciente en el presente para enfrentarse a los problemas presentes, y mantenga su mente subconsciente alerta para resolver problemas creativamente en el futuro.

¿Ha estudiado usted alguna vez seriamente cómo funciona realmente la mente? Su mente consciente se ocupa del pensamiento racional en tiempo real mientras que su mente subconsciente es un banco de memoria o cerebro electrónico automático orientado hacia un objetivo. Su banco de memoria opera sobre los datos introducidos por la experiencia consciente en forma de ideas, creencias, opiniones, y acontecimientos.

El pensamiento racional opera mejor en torno a un marco temporal de 24 horas y sólo puede concentrarse eficazmente en una sola cosa a la vez. En otras palabras, procesa datos secuencialmente. El pensamiento racional consciente, experimenta, recoge información, evalúa, selecciona objetivos, y puede asignar tareas al banco de memoria para que las procese.

Por otra parte, la mente subconsciente funciona automáticamente por sí misma, pero necesita todos sus datos del pensamiento racional consciente. No se puede plantear problemas a sí misma, no tiene imaginación, y confía totalmente en la información previamente almacenada. Sin embargo, sólo la mente subconsciente puede producir ideas y soluciones creativas.

El pensamiento consciente es el operador de su cerebro electrónico y actúa como esponja y filtro a la vez. Absorbe todo lo que le sucede a usted, pero también interpreta estos datos antes de permitir que pasen a su mente subconsciente. Recuerde que los elementos de programación pueden entrar en su mente subconsciente tanto mediante la experiencia real como mediante la artificial. A diferencia del pensamiento consciente, a su banco de memoria pueden serle asignados varios problemas al mismo tiempo para su proceso, y pueden ser procesados todos juntos. Sin embargo, los problemas que usted conscientemente decida que tienen prioridad serán procesados en primer lugar.

Su cerebro piensa en términos de objetivos y resultados. Una vez que identifique el objetivo, puede contar con él para que le lleve hasta éste con mucha más exactitud y creatividad de lo que podría hacerlo usted mediante el pensamiento consciente. Decida conscientemente el objetivo, y su mente subconsciente proporcionará automáticamente los medios creativos para alcanzarlo encendiendo las farolas a lo largo del camino. Todos hemos sido preparados para el éxito por nuestro ordenador personal incorporado; ¡sólo necesitamos aprender a apretar los botones apropiados!

El modelo de conducta

Imagínese conscientemente a sí mismo representando el siguiente papel cada día, y convénzase de que puede convertirse en ese tipo de persona si lo desea realmente.

La conducta positiva asertiva denota individuos que han desarrollado una actitud mental positiva mediante una percepción de la vida positiva. Tienen más probabilidades de entablar relaciones individuales significativas y satisfactorias con otras personas. En estas relaciones, son personas motivadas por el amor intercambiando necesidades en el sentido más caritativo: están dispuestas a dar de sí mismas en todo momento sin esperar nada a cambio, con la absoluta convicción de que en algún momento del futuro serán recompensadas con creces. Afirman su independencia y su sentido del juego limpio manteniendo una mente abierta en todas las cuestiones, reservándose el juicio hasta que todos los aspectos relevantes han sido ponderados y considerados. Defienden sus creencias, y declaran su imagen positiva de sí mismas y sus puntos de vista sobre la vida en todo lo que hacen. Aceptan y crean retos en su hogar, en su trabajo, y en su vida social, y aceptan la total responsabilidad de todos sus pensamientos y actos. Le dan valor a todo y buscan lo bueno en todas partes. Son capaces de asumir el mando porque tienen el control de sus actos y de sus emociones. Amplían el área de lo posible y las facultades de su mente, y creen en la capacidad de la humanidad para arreglar el mundo. Reconocen las contribuciones de los demás y dan gracias por todas sus bendiciones.

Dan ejemplo en todo lo que dicen y hacen para que los demás lo sigan. Se sienten importantes. Esto les ayuda a pensar, parecer, y actuar como personas importantes, y les da confianza en sí mismas. Practican el preguntar y el escuchar. Muestran agradecimiento siempre que tienen oportunidad. Valoran su trabajo y aceptan ilusionadas las oportunidades de ayudar a su organización de formas diferentes.

Piensan en cómo hacer más y en cómo hacerlo mejor. Animan y ayudan a otros a mejorar sus habilidades para aceptar mayor responsabilidad. Adoptan soluciones innovadoras para problemas tradicionales. Toman la iniciativa para hacer nuevas amistades. Muestran genuino interés y preocupación por los demás.

Las personas positivas asertivas en puestos de supervisión demuestran cualidades de liderazgo. Con sus palabras y con sus actos motivan a otras personas a trabajar en cooperación con ellas para lograr objetivos comunes. Los líderes se concentran en objetivos que de mutuo acuerdo se considera que merecen la pena y que son realizables. Conocen sus objetivos, entienden su trabajo y comprenden a su gente, y permiten a los demás realizarse a sí mismos. Tienen el control, hacen que las cosas sucedan, y reconocen apropiadamente los éxitos, incluso los pequeños. Nunca están satisfechos con el statu quo. Recompensan las preguntas, aceptan el cambio como un paso adelante necesario, y crean a su alrededor un entorno en el que la comunicación, la cooperación, y la creatividad son estimuladas y reconocidas.

Las personas positivas asertivas tienen sus rasgos de personalidad, aptitudes, y actitudes apropiadamente desarrolladas y armonizadas, de forma que instintivamente encuentran nuevos desafíos que a menudo se convierten en deseos ardientes. Si no los encuentran, ellos les encontrarán.

Es importante observar que todas las personas con éxito en la vida alcanzan las mismas cimas mediante el mismo mecanismo del éxito. Algunas personas adquieren sus técnicas y aptitudes ganadoras de forma natural a través de las experiencias de la vida real, mientras que otras tienen que desarrollarlas artificialmente mediante el esfuerzo consciente. En ambos casos, sus mentes actúan sobre la información apropiada que les ha sido suministrada, sin importarles cómo ha sido adquirida.

Por lo tanto, ¡hay esperanza para todos! Si parece que usted no se dirige hacia donde desea ir en la vida, no está todo perdido. Sólo tiene que programar su mente subconsciente con experiencias ganadoras artificiales, tan eficaces como las experiencias de la vida real. Utilice sus propios recursos, su imaginación, y sus conocimientos de esta forma asertiva e intencionada, en lugar de esperar a que sus circunstancias y su entorno se ocupen de usted.

Nuestras actitudes y ambiciones actuales nos han llevado a donde nos encontramos hoy. Sabiendo esto, ¡demos los pasos necesarios para llegar todos a donde queremos estar mañana!

La capacidad de intelectualizar

Con sus nuevos conocimientos y su nueva conciencia de sí mismo, puede usted ahora *intelectualizar* o crear su camino hacia el éxito y la felicidad mediante el pensamiento. Sabe que sus actitudes mentales son la clave de su conducta. Su primer trabajo es ponerlas al día y corregirlas, porque el éxito exterior sólo es posible cuando su mecanismo del éxito interno funciona eficaz y suavemente.

Las personas eficaces necesitan personalidades eficaces. Sabiendo cómo obtener lo mejor de sí mismo obtendrá lo mejor de los demás. Las personas se necesitan unas a otras para lograr objetivos que un individuo solo no puede lograr por sí mismo. Debe usted declarar sus creencias y aspiraciones abiertamente a los demás. Reconozca a dónde quiere llegar. La afirmación interior conduce a la confirmación exterior, y su rumbo queda trazado.

Las personas necesitan programarse a sí mismas con datos positivos al menos durante una hora al día. Incluso a este ritmo, puede que les lleve varios años deshacer todo el daño que miles y miles de datos negativos han infligido en sus psiques a lo largo de los años. Nuestros sistemas nerviosos reciben de nuestro entorno, consciente e inconscientemente, varios miles de estímulos cada minuto, y ¡más del noventa y cinco por ciento de ellos son negativos! ¿Cuándo fue la última vez que su entorno le hizo sentirse bien consigo mismo, y cuánto duró la sensación? Con varios millones de estímulos habiendo entrado en nuestros sistemas para la edad de veinticinco o treinta años, no es sorprendente que la mayoría de las personas hayan cerrado sus mentes a nuevas ideas y al cambio.

Hay tres formas fundamentales de modificar nuestro sistema de creencias personal y a su vez nuestra conducta, ya que siempre actuamos según nuestras creencias internas. Primera, aunque uno no puede cambiar lo que ha experimentado en el pasado, puede cambiar su percepción, y por tanto su interpretación, de esas experiencias. Puede colocar un nuevo sentimiento positivo, o sello mental, en cualquier fracaso o experiencia negativa del pasado, y luego construir sobre esa nueva creencia.

Segunda, puede usted analizar su actual estructura de la realidad, darse cuenta de que no es cierta, y reemplazarla con otra más apropiada y realista. ¡Quizás, sólo quizás, sea usted el mejor orador que el mundo ha conocido! Recuerde, ¡todas sus creencias son elegidas por usted!

Tercera, puede usted adoptar una nueva virtud o característica que desee por decreto. Simplemente imagine que la tiene. Tome posesión de ella, aliméntela, y expóngala. Puede convertirse en una persona positiva asertiva después de todo. Su pasado no es importante, sólo lo que usted crea sobre su pasado; ¡y su futuro será el que usted decida que sea!

¡La capacidad para labrar el futuro está en el presente!

Conozca el lenguaje de su ordenador

Necesita usted pasar algún tiempo todos los días practicando ser la persona que desea llegar a ser. Sus pensamientos actuales determinarán su futuro. En otras palabras, lo que piensa y cómo piensa y siente en el presente determina su forma de actuar, lo que a su vez determina las futuras consecuencias de su conducta como una relación natural de causa-efecto. El lenguaje de su ordenador se llama «auto conversación»: las declaraciones o afirmaciones positivas asertivas que usted se repite a sí mismo todos los días. Todos los seres humanos se comunican con su yo interior mediante la auto conversación, y es así como programamos nuestra mente subconsciente. Su ordenador está siempre encendido, y está siempre escuchando, así que simplemente ¡empiece a decirle lo que quiere que crea sobre usted! Comprenderá, y finalmente aceptará, su mensaje: «¡El jefe quiere esta nueva imagen!».

De hecho, dentro de nosotros está siempre teniendo lugar una conversación de doble sentido. Mientras consideramos conscientemente nuestras posibilidades y programamos nuestra mente subconsciente, las respuestas salen desordenadamente en una cabalgata de inspiración.

Programe los diez principios de la motivación en su mente subconsciente repitiéndose a sí mismo las siguientes afirmaciones cada mañana, tarde, y noche. ¡Ponga la auto conversación en acción!

1. Hoy tengo una imagen positiva de mí mismo. ¡Me gusto!
2. Hoy percibo los acontecimientos externos desde un punto de vista positivo y constructivo. ¡Cada acontecimiento es un beneficio potencial para mí!
3. Hoy poseo una actitud mental positiva y sana. He eliminado la crítica y la impaciencia de mi mente y las he reemplazado por la alabanza y la tolerancia.

4. Las posibilidades abundan en todos mis pensamientos y no existe límite para mi potencial.

5. Hoy practico y creo en la conducta positiva asertiva. La finalidad de mi conducta es ser más eficaz en mis relaciones con los demás.

6. Mis encuentros individuales con otras personas son críticos en mi vida diaria. Creo que las personas tienen prioridad sobre los problemas.

7. Hoy estoy personalmente comprometido con el éxito y la felicidad en mi vida.

8. Hoy creo firmemente que soy capaz y merecedor de éxito.

9. Los poderes creativos de mi mente subconsciente son ilimitados e iluminan cada día mi camino hacia el éxito.

10. Hoy tengo un deseo sincero e intenso de tener éxito en cooperación con otras personas.

Aquí hay cinco afirmaciones adicionales que pueden resultarle útiles en su búsqueda de la motivación y el éxito:

* Me permito concentrarme ante todo en mis puntos fuertes, que son muchos.

* Cada una de mis actividades diarias tiene una finalidad específica.

* Estoy logrando alcanzar cada uno de mis objetivos.

* Conozco los pasos hacia el triunfo, y estoy dándolos cada día de mi vida.

* Trato a los demás con respeto en todos los sentidos.

Estas afirmaciones despertarán en su mente subconsciente la idea y la magnitud de un nuevo sistema de creencias acerca de usted y de su mundo. Representan declaraciones de fe, de creencia en sí mismo, y su natural potencial innato.

Mientras repite sus afirmaciones, debe usted acompañar las palabras con la experiencia correspondiente en su imaginación, para así grabar sentimientos en los conceptos y permitir que las emociones positivas fluyan por todo su

193

cuerpo. Estas experiencias artificiales son ahora tan significativas para su arraigada estructura de la realidad como experiencias verdaderas de la vida real.

Tales técnicas de programación positiva combinadas con una imaginación creativa pueden denominarse actitud mental progresiva intencionada. Las personas siempre se mueven en la dirección de aquello en lo que más piensan. Mediante el esfuerzo consciente, estará usted en proceso de adquirir una nueva actitud mental diseñada para convertirle en una persona más eficaz y feliz. Ahora ya le ha dicho a su ordenador qué atributos desea y el tipo de persona que quiere ser. En poco tiempo, será usted el tipo de persona que aspira a ser, ya que representando el papel, creará el personaje.

La vida es una experiencia que hay que vivir al máximo. Hay que vivirla intensamente, seriamente, y en una amplia variedad de formas para sacarle el máximo partido. Cuando haya terminado, aquellas personas que hayan vivido realmente podrán proclamar, «¡He dado todo lo que tenía dentro!». Las personas sólo necesitan cultivar los fértiles campos de sus mentes, y sembrar las semillas del éxito. Sólo necesitan arrojar sus redes amplia y profundamente en los abundantes mares, y recoger sus muchas recompensas.

Las imposibilidades de ayer son las realidades de hoy. Cualquier imposibilidad presente es sólo el límite del progreso.

* ¿Cuantas montañas quedan por escalar?
* ¿Cuantas amistades quedan por cultivar?
* ¿Cuantas oportunidades quedan por aprovechar?

En conclusión

Las personas eficaces necesitan personalidades eficaces. Si combina una conducta positiva asertiva con mayores conocimientos, una incuestionable convicción, y un deseo ardiente, podrá alcanzar objetivos que a otros les parecen imposibles. Su fe activará sus poderes creativos.

Considere algunas de sus posibilidades. A medida que empiece a pensar en estos términos, su voz interior empezará a responder, pues está siempre escuchando. Las respuestas le llegarán a usted de muchas maneras: ideas, percepciones, posibilidades. La acción de ponderar conscientemente sus posibilidades activa automáticamente su mente subconsciente para crear las soluciones.

¡La fase siguiente es como un continuo viaje hacia las estrellas! Implica sencillamente utilizar los sorprendentes poderes de su mente subconsciente para realizar las fantasías de su recién adquirido pensamiento positivo. ¡Su futuro sólo está limitado por su imaginación! ¡Y su imaginación no tiene límites! Todos somos personas corrientes capaces de ser muy poco corrientes. Desear ser el mejor en algo es una ambición admirable y apasionante para mucha gente. Este objetivo es apropiado para todos, y proporcionará las recompensas apropiadas.

¡Decida hoy convertirse en la mejor persona que pueda llegar a ser y verá las cimas que puede alcanzar!

¡CREO!

* Soy una persona única. Nadie más en este mundo es exactamente como yo y nadie más tiene mi potencial. He sido creado mediante una fórmula única que nunca se repetirá.

* Me han puesto sobre la tierra con una finalidad singular: ¡desarrollar todo mi potencial para mejorar la humanidad!

* He sido bendecido con aptitudes y rasgos de personalidad suficientes para triunfar. Con mi ejemplo, estoy influyendo en la conducta de otras personas que me rodean, y por tanto en las generaciones futuras.

* Tengo el control de mis pensamientos y sentimientos en el presente, los cuales a su vez determinan mi conducta y la reacción de los demás ante ella. Ello es todo lo que necesito para construir mi futuro y lograr cada objetivo que me proponga en la vida.

* Creo en mí. ¡Creo que soy merecedor de grandeza!

CAPÍTULO 16

Fin del trayecto

Un ganador sabe que su éxito
se medirá por la proporción de su potencial total
que utiliza para beneficio de los demás.

Un ganador tiene tendencia por naturaleza
a tener grandes expectativas. Tiene el valor
de creer en ellas y la osadía de anticiparlas.

Un ganador reacciona con prontitud ante
un fuerte deseo. Aprecia lo bueno que hay en él,
siente su desafío, anticipa su satisfacción,
y percibe su recompensa.

El poder de su personalidad

Las personas en pos de la excelencia deben aprender primero los secretos del éxito. ¿Cuáles son los secretos del éxito? ¿La inteligencia, el conocimiento especializado, la experiencia, la buena suerte, el talento, o el trabajo duro? Desgraciadamente, no. Hay muchas personas que tienen todas estas características, y sin embargo no tienen éxito. ¿Cómo pueden entonces identificarse? Los secretos del éxito pueden descubrirse a través de un estudio detallado de las vidas de otras personas que tienen éxito, e identificando las características que les permitieron obtener los resultados que deseaban. Descubrimos que en la vida los ganadores parecen exhibir rasgos de personalidad comunes que les ayudan

197

a elevarse por encima de la media, y que todos los ganadores alcanzan las mismas cimas utilizando el mismo mecanismo del éxito.

Nuestro descubrimiento puede ahora exponerse en términos bastante sencillos: ¡las personas que quieren ser eficaces en la vida necesitan tener personalidades eficaces! Esta se convierte entonces en la premisa de esta exposición: que las personalidades eficaces son la base sobre la que se construyen las empresas arriesgadas, incluida la aventura de la vida. Usted puede optimizar todo su potencial desarrollando y proyectando una personalidad más positiva y poderosa.

¿Qué entendemos por personalidad y por qué es tan importante? La personalidad puede definirse como las cualidades y patrones de conducta habituales expresados por las actividades físicas y mentales y por la actitud mental. La personalidad es el vehículo a través del cual ejercemos nuestro poder personal y manifestamos nuestra individualidad. Una personalidad eficaz es importante porque todos logramos nuestros objetivos a través de otras personas, y otras personas logran sus objetivos a través de nosotros. No hay otra manera. Así que ahora sabemos que las personas eficaces necesitan personalidades eficaces, y que las personalidades eficaces dependen de cualidades particulares y patrones habituales de conducta. En la vida, todos los ganadores necesitan adquirir atributos o rasgos de personalidad ganadores para tener éxito, generalmente mediante el esfuerzo consciente y mucho trabajo duro.

Las leyes que gobiernan la conducta y la motivación humanas son leyes de la naturaleza que nos han llevado a cada uno de nosotros a nuestro actual nivel de éxito, intencionadamente o no, seamos o no conscientes de ellas, creamos o no en ellas, las aceptemos o no. Las leyes de la naturaleza, como la ley de la gravedad, no pueden quebrantarse, a diferencia de las leyes de la sociedad, que siempre se quebrantan. Cuando uno salta de un edificio, por ejemplo, no puede ir más que hacia abajo. Del mismo modo, cuando uno adquiere atributos de personalidad ganadores, ¡no puede ir más que hacia arriba! Ambas son leyes de la naturaleza universales.

Estos atributos ganadores son sencillamente actitudes mentales. Nuestras predisposiciones actuales son producto de nuestra educación y de nuestro entorno, y acaban formando la base de nuestros sistemas de creencias personales. Nuestras actitudes, a su vez, determinan nuestra conducta, porque nuestra conducta es sencillamente nuestras actitudes en acción. Las actitudes pueden cambiarse, y con ello se pueden adquirir atributos ganadores.

Hay ciertos pasos que es necesario dar para que las personas cambien de lo que son a lo que quieren ser. Los chinos tienen una expresión interesante a este respecto: dicen que un viaje de mil kilómetros empieza dando un sólo paso. El primer paso en el desarrollo personal es una mayor conciencia acompañada de una mente abierta. Las personas han adquirido una estructura de la realidad que a menudo está basada en información inexacta, irracional, o insuficiente, y toman decisiones diarias basándose en esas falsas presunciones. El segundo paso es la comprensión. Las personas necesitan que se les muestre que hay un camino mejor que pueden seguir y que realmente funciona. El tercer paso es el compromiso y la práctica mediante la aplicación repetida. Las personas mejoran en todo con la práctica —un hecho del que darían fe todos los atletas profesionales— y con el conocimiento y la convicción de que lo que desean es realizable y redunda en su propio beneficio y en el de los demás.

Todos tenemos derecho a otorgarnos éxito a nosotros mismos. De hecho, hemos sido creados para el éxito, no para el fracaso. No hay defectos incorporados en nuestro mecanismo. Si existen limitaciones, ¡nos las imponemos nosotros mismos! Los ganadores saben, en lo más profundo de sí mismos, que son mejores de lo que su actual nivel de resultados demuestra. Esta verdad interior, por sí misma, es para ellos incentivo suficiente para maximizar su natural potencial innato.

Los diez atributos de un ganador total

1. El primer atributo de un ganador total es su disposición a aceptar la plena responsabilidad por su pasado, su presente y su futuro. Por ejemplo, ha aprendido a disciplinar su pensamiento en el presente y a concentrarse sólo en las recompensas del éxito. Imagine lo que piensa un golfista profesional cuando lanza la bola desde el tee. Ciertamente se concentra en la técnica apropiada y en una buena ejecución. Controlando sus pensamientos y sus actos, un ganador sabe que determina sus resultados como una relación natural causa-efecto. Buenos, malos, o indiferentes, acepta estos resultados como consecuencia directa de su conducta. Todos estamos hoy exactamente donde merecemos estar, y todos estaremos en el mismo lugar mañana a menos que decidamos que queremos estar en otro sitio. Un ganador sabe que lo importante en la vida no es dónde está o dónde ha estado, sino a dónde se dirige.

2. El segundo atributo de un ganador total es una actitud optimista y expectativas positivas. Cree que lo que desea que suceda sucederá. No le da vueltas al diez por ciento de su vida que está mal, olvidando el noventa por ciento que está bien. Espera lo mejor de la vida y ve la parte buena incluso en lo malo, dándose cuenta de que tanto en la adversidad como en la oportunidad, hay algo que ganar. Los optimistas son sencillamente personas que han aprendido a disciplinar sus actitudes en su beneficio. Es una técnica mental adquirida.

3. El tercer atributo es una motivación positiva, estimulante e intensa, y la capacidad de motivar a los demás

con su ejemplo. La motivación se produce cuando un estado interior de inquietud es dirigido intencionadamente hacia un estado exterior de satisfacción mediante mucho deseo sincero. Es una especie de levántate y anda personal, una fuerza impulsora que apunta hacia un estilo de vida mejor y hacia un sentido de servicio a los demás. Un ganador está motivado para satisfacer sus necesidades básicas relacionadas con el ego, que incluyen reconocimiento, estatus, y oportunidades para demostrar éxito, competencia, creatividad, y un grado de autonomía personal. El ego puede definirse como la tendencia auto asertiva inherente del hombre hacia la paz interior. Motivación es literalmente motivo-en-acción; es una emoción dirigida hacia la auto realización. Se produce cuando uno sabe lo que quiere y está dispuesto a pagar el precio para obtenerlo.

4. El cuarto atributo es una conducta positiva asertiva. *Positiva* significa afirmación constructiva, y *asertiva* significa declaración activa. Indica quién es usted, qué piensa, y cómo siente: y por supuesto, ¡todos los ganadores se sienten estupendamente y mejorando! La conducta positiva asertiva caracteriza un enfoque de la vida activo, más que pasivo, y está dirigida a hacer que las cosas sucedan en lugar de esperar a que lo hagan. Un ganador es más un creador de sus circunstancias que una víctima de ellas. La conducta positiva asertiva es evidente en una comunicación personal que es abierta, directa, y honesta. Demuestra que uno está dispuesto a hacer valer sus derechos en las circunstancias apropiadas y de la forma apropiada, reconociendo y respetando al mismo tiempo los derechos de los demás. Denota una persona que ha desarrollado una perspectiva positiva de la vida a través de una actitud mental positiva y de una imagen positiva de sí misma. Un ganador se ve a sí mismo como un ganador total. Es una persona motivada por el amor en sus relaciones con otras personas, que practica la relación «si tú ganas, yo gano» en el sentido más caritativo: está dispuesta a dar de sí misma en todo momento sin es-

perar nada a cambio, en la absoluta certeza de que en algún momento del futuro será recompensada con creces.

5. Un ganador total es también un buen comunicador. Acepta el cien por cien de la responsabilidad tanto de enviar mensajes como de recibirlos. Se da cuenta de que si las necesidades de su ego han de ser satisfechas, primero tiene que satisfacer las necesidades de la otra persona. Da prioridad al dar, sabiendo que el recibir vendrá por sí solo. En cualquier encuentro, la otra persona puede percibir rápidamente si usted tiene en mente el interés de ella o el suyo propio. Una actitud de servicio comunicará su interés por la otra persona y su respeto por sus puntos de vista. Un ganador se identifica con los demás y los trata de la misma manera que a él le gustaría ser tratado. Cortesía, elogio, empatía, buena voluntad, y respeto: ¡un ganador tiene todas estas características en cantidades ilimitadas para dar! Un ganador tiene seguridad en sí mismo y buena voluntad en sus relaciones con los demás. Da mientras recibe y recibe mientras da, e intercambia necesidades y recompensas justa y equitativamente, y con mutuo respeto. Los ganadores generalmente obtienen exactamente lo que esperan y lo que merecen de sus relaciones interpersonales.

6. Un ganador total tiene fe, el sexto atributo, en abundancia. Tiene fe en sí mismo, en los demás, en su organización, en su país, en Dios. La fe es la fuerza de la vida. Es la sustancia de las cosas esperadas y la evidencia de las cosas que no se ven. Es la confiada seguridad de que algo que deseamos va a suceder. Es la certeza de que aquello que esperamos nos está esperando, incluso si no podemos verlo delante de nosotros. La fe es una convicción incuestionable. Abraham Lincoln lo dijo sucintamente cuando escribió: «Creer en las cosas que podemos ver o tocar no es creer en absoluto; ¡pero creer en lo que no se ve es un triunfo y una bendición!».

7. La fe nos conduce al séptimo atributo, el uso creativo

de la mente subconsciente. ¡Un ganador total ha desarrollado la capacidad de imaginar su futuro! Sabe que la forma más rápida y más eficaz de adquirir un nuevo atributo o una nueva habilidad es sencillamente ¡imaginar que ya la tiene! Todos tenemos un aparato de televisión y un sistema de grabación en nuestro cerebro. Grabamos todo lo que se da en cada canal de nuestros cinco sentidos, y a menudo vamos por la vida simplemente reproduciendo nuestras cintas. Sin embargo, podemos conectar nuestra mente a cualquier canal e incluso crear nuestra propia película doméstica con datos dispares ya grabados en la memoria. Empleando nuestra imaginación, somos nuestro propio productor, director, y personaje principal en el escenario de la vida. Si no le gusta lo que ve en el canal uno ¡gire el selector hasta que vea lo que desea ver! Las personas que imaginan su sueño y creen en su sueño terminan viviendo su sueño. De todas las criaturas sobre la tierra, sólo los seres humanos pueden imaginar su futuro y creer que puede hacerse realidad. La imaginación creativa y la fe son las facultades más poderosas del hombre. Todos los ganadores son creadores de imágenes y tomadores de fotografías. ¡La única competencia de un ganador es él mismo y su propio sentido de la excelencia!

8. El octavo atributo de un ganador es un compromiso total y perseverancia persiguiendo su objetivo. Al igual que a un astronauta, a un ganador no le interesa quedarse a mitad de camino. Un ganador formula un plan de juego para su vida y se atiene a él. Toma la decisión, que sólo necesita tomar una vez, de alcanzar su objetivo en la vida: desarrollar todo su potencial. Sabe que la talla de una persona la determina la talla del objetivo con el que se compromete, y se da cuenta de que las personas obtienen mayor satisfacción alcanzando metas que se habían puesto ellas mismas, que alcanzando objetivos establecidos para ellas por los demás. Sabe que su éxito depende de su capacidad para satisfacer sus necesidades internas, y que esto sólo se puede lograr satisfaciendo las necesidades de otras personas. Un ganador

entiende, por irónico que pueda parecer, que todos recibimos dando, sea dando afecto a nuestros seres queridos o servicio a nuestros clientes. ¡Todos los ganadores son expertos en dar! Los hermanos Wright nos dieron el aeroplano; Thomas Edison nos dio la bombilla; el Dr. Jonas Salk nos dio la vacuna contra la polio; Alexander Graham Bell nos dio el teléfono. Ahora tenemos alas y tenemos luz, tenemos salud, ¡y tenemos comunicaciones instantáneas!

9. Un ganador total tiene también la capacidad de cambiar y adaptarse a nuevas situaciones y retos. El ritmo de vida y las nuevas tecnologías pasan factura, y muchos no pueden soportar el precio. Un ganador ha desarrollado una actitud emocional equilibrada ante la vida, y es capaz de conservar su energía y dirigirla hacia fines productivos. El estrés moderado es la sal de la vida y facilita el éxito; mientras que el exceso de estrés produce angustia y disminuye el rendimiento. ¿Puede ser el estrés bueno o malo? Sí, dependiendo de cómo se utilice. Básicamente, el estrés es la reacción del cuerpo a nuestros pensamientos y sentimientos diarios. Se minimiza mediante la adaptación y aprendiendo a vivir con el cambio, y se maximiza oponiéndole resistencia. Un ganador sabe que puede elegir cómo responder ante situaciones estresantes; y es la interpretación o reacción de una persona ante un acontecimiento dado la que produce la respuesta psicológica que llamamos estrés. Una actitud de agradecimiento provoca una determinada respuesta emocional, mientras que una actitud de ira o venganza provoca otra diferente. El miedo y el deseo son los dos principales motivadores en la vida. Un ganador se concentra en el deseo y en las recompensas del éxito más que en el miedo y en las penalidades del fracaso. ¡Un ganador preferiría intentar tener éxito en la vida y fracasar que no hacer nada y triunfar!

10. El décimo y último atributo de un ganador total es su uso eficaz de todos los rasgos de personalidad anteriormente citados, que combinados producen un efecto sinergético. El resultado es lo que podría llamarse una per-

sonalidad «sobrealimentada», en otras palabras, una personalidad cargada de atributos ganadores, tales como entusiasmo, optimismo, persistencia, persuasión, empatía, compromiso, deseo, energía, e ilimitada fe en sí mismo y en su futuro.

Un ganador total utiliza todos estos poderes personales para influir en las personas y en los acontecimientos de su vida con la finalidad de que se hagan las cosas, todo en cooperación con los demás. Reconoce que las oportunidades para ejercer su poder personal están en todas partes, inherentes a sus actividades diarias; están en su apariencia, en sus modales, y en la forma en la que se relaciona con otras personas. Un ganador comprende que el éxito es realmente un objetivo desinteresado, porque es imposible tener éxito sin ayudar con ello a otras personas. Un ganador se enorgullece de ser él mismo. Sabe que es un ganador, y proyecta la imagen de un ganador. Acepta la vida como un desafío, como un proyecto de bricolaje, ¡y se pone a trabajar!

Un ganador sabe que en su vida hay dos juegos en marcha, un juego interno y un juego externo, y que cada uno tiene sus reglas. Si una persona juega al juego externo de la vida y se juzga a sí misma sobre esa base, obtendrá un resultado; si juega al juego interno de la vida y se juzga a sí misma sobre esta base obtendrá un resultado diferente. No son las percepciones externas las que convierten a una persona en un auténtico ganador. Son los atributos y valores internos del individuo los que determinan su nivel de éxito.

Las reglas del juego externo de la vida las deciden otras personas y la sociedad en general. Por ejemplo, otros podrían hacerle creer que usted debería esperar caerles bien a casi todas las personas con las que tenga contacto en su vida, y que debería esperar tener éxito en casi todas sus ocupaciones. Estas expectativas son altamente irrealistas y, de hecho, incompatibles: uno no puede competir con otras personas y tener más éxito que ellas, y al mismo tiempo gustar a todo el mundo.

Un ganador, por tanto, se juzga a sí mismo y juzga su rendimiento basándose en sus valores internos y en su sentido del yo, no en valores externos determinados por otros. Mantiene el control de sí mismo. Sabe que el juego consiste en ser fiel a sí mismo. ¡Un ganador actúa sólo para una audiencia de una persona!

Un corredor de larga distancia, por ejemplo, puede perder el juego externo no logrando el primer puesto en la carrera más importante de su vida; pero si mejoró en mucho sus resultados pasados y alcanzó una nueva mejor marca personal, sí ganó el juego interno. Un ganador no compite contra otros, compite contra sí mismo. Su única competencia es su propio sentido de la excelencia. Un ganador se da cuenta de que el juego externo de la vida no es el juego más importante que hay que ganar.

Del mismo modo, un supervisor que intenta motivar a un empleado basándose en recompensas externas se quedará muy pronto sin dinero. A una persona sólo se le puede pagar tanto, sea un sueldo, un plus, o un plan de opción de compra de acciones. Por tanto hay que apelar a sus necesidades y valores internos, a su propio sentido de valía personal y dignidad, o a su juego interno, si se quiere tener éxito.

¡Todas las imposibilidades de ayer son las realidades de hoy, y cualquier imposibilidad presente es sólo el límite del progreso!

Un ganador cultiva los fértiles campos de su mente, y siembra las semillas del éxito. Echa su red amplia y profundamente en los abundantes mares, y recoge sus generosas recompensas.

Un ganador acepta la vida como una experiencia que hay que vivir al máximo. Sabe que hay que vivirla intensamente, seriamente, y de una gran variedad de formas, para sacar el máximo partido de ella. Cuando se termine, las personas que hayan vivido realmente podrán proclamar, «Lo hice lo mejor que pude. No me arrepiento de nada». ¡Éste es el distintivo de un ganador total!

Piense en la historia y traiga a su memoria los ganadores totales: personas que cambiaron el mundo e hicieron de él un lugar mejor del que habían encontrado. Este es un reto al que todos nos enfrentamos. ¿Qué potencial tiene usted para hacer una contribución a la humanidad, empleando sus talentos y aptitudes naturales para beneficio de los demás? Recuerde, todos recibimos dando. Las recompensas que recibimos en esta vida dependen de nuestro rendimiento, y nuestro rendimiento depende de nuestra percepción individual de nosotros mismos. ¡Ahora sabemos que todos tenemos el potencial para ser ganadores totales! Así que reajustemos nuestros relojes, movilicemos nuestros poderes personales, ¡y dispongámonos a ganar el juego de la vida!

Deje que su personalidad personifique su motivación y su poder personal, y le impulse para siempre hacia adelante y hacia arriba. Deje que los diez atributos de un ganador total le conduzcan por el camino hacia una vida feliz.

¡Tú Puedes!

Compréndelo por ti mismo, muchacho
Tú tienes todo lo que los más grandes hombres han tenido;
Dos brazos, dos manos, dos piernas, dos ojos,
Y un cerebro para utilizarlo si eres sabio.
Con este equipo, empezaron todos.
Empieza desde arriba y di, «Yo puedo».

Examínalos, a los sabios y a los grandes;
Toman su comida de un plato corriente,
Y emplean cuchillos y tenedores similares,
Con cordones similares, atan sus zapatos...
El mundo los considera valientes e inteligentes,
Pero tú tienes todo lo que ellos tenían cuando empezaron.

Tú puedes triunfar y adquirir destreza,
Puedes ser grande si así lo deseas.
Estás bien equipado para cualquier lucha que elijas;
Tienes brazos y piernas y un cerebro que utilizar;
Y el hombre que ascendió, para lograr grandes hazañas,
Empezó su vida con lo mismo que tú.

Tú eres el obstáculo al que te debes enfrentar;
Tú eres el que debe elegir su lugar;
Debes decir lo que deseas hacer,
Cuánto estudiarás, para conocer la verdad;
Dios te ha equipado para la vida, pero Él
Te deja decidir lo que quieres ser.

El valor debe proceder del alma,
El hombre debe proporcionar la voluntad de ganar.
Así que compréndelo por ti mismo, muchacho;
Tú naciste con todo lo que los grandes hombres tuvieron;
Con tu equipo, todos empezaron...
Prepárate y di: «Yo puedo».

George Washington Carver

SEMINARIOS

Las personas determinan la productividad

*Si nos enseñan todo, no aprenderemos
nada. La vida es por necesidad un
proyecto para realizarlo uno mismo.*

*La razón por la que la mayoría de las personas
no alcanzan sus metas en la vida es ¡porque
nunca se las plantean!*

*Su primera prioridad es cuidar de sí mismo
mental, física, y espiritualmente;
¡si usted no lo hace, nadie más lo hará!*

Dime... y probablemente olvidaré.
Muéstrame... y puede que recuerde.
Implícame... y comprenderé.
Motívame... y actuaré.

1. Revisión

Repase cada capítulo y anote al final del libro los puntos
clave que desee recordar.

2. Idea Central

Repase los conceptos e ideas clave que para usted supongan una gran diferencia en su vida. Por ejemplo, puede

que usted esté especialmente interesado en la psicología de la imagen que uno tiene de sí mismo. A continuación le doy una explicación adicional sobre la relación entre (1) nuestra conducta actual, (2) nuestro actual sistema de creencias, y (3) nuestras experiencias en la vida.

Las experiencias (mentales) que hemos tenido en la vida desde nuestro nacimiento contribuyen a formular nuestro actual sistema (mental) de creencias, de forma que cuando percibimos (físicamente) nuevos acontecimientos en la vida, empezamos un proceso de interpretación/significado (mental) basado en nuestras creencias, el cual a su vez afecta directamente a nuestra conducta y a nuestro rendimiento (físico y mental) en respuesta a estos acontecimientos.

Claramente, todo depende de nuestro sistema de creencias personal. Todo cambio significativo empieza cuando somos capaces de dar nuevos significados a los acontecimientos diarios. El ganar debe empezar dentro del individuo.

3. Resumir

Resuma el tema o temas centrales del libro que tengan más sentido para usted. Por ejemplo, las personas se dividen generalmente en dos categorías básicas: *Re-activas*, preocupadas principalmente en responder al cambio desde fuera (postura defensiva), y *Pro-activas*, que responden al cambio desde fuera e inician el cambio desde dentro (postura ofensiva). La vida es más satisfactoria cuando las personas pertenecen al modelo pro-activo, porque experimentan un elemento de control sobre lo que les sucede. Sin embargo, muchas personas se sienten indecisas a la hora de iniciar un cambio y aceptar más responsabilidad por sus vidas porque carecen de la convicción y seguridad en sí mismas necesarias para zambullirse en aguas desconocidas.

Las personas pueden dar pasos específicos para empezar

lentamente la transición hacia un modelo más pro-activo. ¡La convicción y la seguridad en uno mismo pueden aprenderse! Cualquiera puede cuestionar su actual sistema de creencias y empezar a reprogramar su mente. Este proceso de conciencia y aprendizaje es un proceso de capacitación personal: ejercer más control sobre todos nuestros pensamientos, sentimientos y actos, y aceptar toda la responsabilidad por ellos.

4. Investigación

Investigue y estudie otro material de referencia para confirmar o ampliar puntos importantes que desee comprender mejor.

5. Auto-análisis personal

Repase la historia de su vida hasta el momento presente e identifique aquello que haya hecho bien y que más le haya interesado hacer. Incluya sus experiencias escolares y todos sus trabajos anteriores. ¿Qué actividades hacen que su corazón lata más deprisa? ¿Qué experiencias son «puro placer» para usted? Tiene que identificar qué es lo que le encanta hacer. ¿Puede encontrar alguna forma de dedicarse a esas actividades más a menudo, como por ejemplo todos los días?

Mis puntos fuertes:
1.
2.
3.
4.
5.

Mi trabajo:
Lo que me gusta de mis trabajos anteriores/de mi trabajo actual:

1.
2.
3.
4.
5.

Lo que no me gusta de mis trabajos anteriores/de mi trabajo actual:

1.
2.
3.
4.
5.

6. Establecer objetivos con éxito

Conociendo sus intereses y aptitudes de éxitos previos, ¿qué objetivos para el futuro son apropiados para usted?

Hágase estas importantes preguntas:

1. ¿Qué cosas concretas deseo de la vida?

2. ¿Tengo un plan de acción para conseguir esas cosas?

3. ¿Estoy en vías de ejecutar activamente mi plan?

¡No deje el desarrollo de todo su potencial al azar!

Establecer objetivos con éxito (cont.)

Identifique objetivos concretos de interés para usted en las cuatro áreas siguientes; después identifique las barreras que pueden o no impedirle tener éxito.

Objetivos Personales: Barreras
(límite de tiempo)   ¿Son imaginarias o reales?

1. mentales

2. físicos

3. espirituales

Objetivos Familiares: Barreras
(límite de tiempo)   ¿Son imaginarias o reales?

1.

2.

3.

Objetivos Sociales: Barreras
(límite de tiempo)   ¿Son imaginarias o reales?

1.

2.

3.

Objetivos Profesionales: Barreras
(límite de tiempo)   ¿Son imaginarias o reales?

1.

2.

3.

Observe que los objetivos personales y familiares tienen

prioridad sobre los objetivos sociales y profesionales. Fije esta hoja en el espejo de su cuarto de baño para que le recuerde consciente e inconscientemente a dónde se dirige.

7. Cualificaciones

En un marco laboral, suponga que un individuo tiene inteligencia, conocimientos especializados, experiencia, y talento. El/ella trabaja duro. ¿Qué podría estar impidiéndole obtener un ascenso? ¿Como se mide:

la actitud?

las técnicas interpersonales?

la motivación?

¿Cómo se determina su efecto en:

el rendimiento?

la productividad?

los beneficios?

8. Rendimiento

El rendimiento de los empleados se mide generalmente valorando varios factores clave, como los conocimientos, las aptitudes, y la eficacia. ¿Qué efecto podrían tener la actitud, las técnicas interpersonales, y el nivel de motivación de un individuo en la puntuación de cada uno de los siguientes elementos?

Conocimientos

Aptitudes:	crear	innovar
	analizar	evaluar
	planificar	organizar

	controlar comunicar	dirigir
Eficacia:	discreción	tacto
	madurez	empatía
	seriedad	adaptabilidad
	flexibilidad	rendimiento bajo presión
	energía	perseverancia
	iniciativa	liderazgo
	firmeza	capacidad de persuasión

Potencial para ser eficaz a un nivel superior

9. Relación Causa-Efecto

Considere lo siguiente:

1. Su pasado ha condicionado su forma de pensar y sentir en el presente.

2. Su presente, sus pensamientos conscientes, y sus sentimientos determinan sus actitudes y percepciones actuales.

3. Sus actitudes y percepciones actuales determinan su conducta (su conducta representa sus actitudes en acción).

4. Su conducta determina el modo en que otras personas reaccionan ante usted.

5. El modo en que los demás reaccionan ante usted determina su eficacia y a su vez su éxito relativo en la vida.

10. Miedo

¿Ha observado alguna vez que las personas con mucho éxito en distintas profesiones son aquellas que han superado el miedo al fracaso y al rechazo? ¿Hay algo que podamos aprender de ello en nuestras vidas?

Las personas con éxito emprenden su tarea con la convicción de que al final tendrán éxito en su empeño, y de que todos los obstáculos son simplemente contratiempos sin importancia a lo largo del camino. Se comprometen totalmente con su objetivo y persisten hasta que lo consiguen.

¿Está usted aplicando este enfoque a sus objetivos en la vida?

11. Test de perfil de actitud

* ¿Quién es la persona más importante en su vida?

* ¿Está usted pasando suficiente tiempo de calidad intentando ser el número uno?

* ¿Cuáles son sus valores y prioridades en la vida?

* Si pudiera hacer cualquier cosa que deseara en la vida, ¿qué sería?

* ¿En qué tiene un profundo e intenso interés?

* En su opinión, ¿en qué es usted muy bueno y qué es lo que más le divierte hacer?

* ¿Hay sentido de la dirección en su vida?

* ¿Sabe cómo relajarse? ¿Tiene un tiempo y un lugar tranquilos para relajarse cada día?

* ¿Ha aprendido a olvidar sus motivos de queja y a enterrar su pasado?

* ¿Cuántos libros tiene en su biblioteca de «desarrollo personal»?

* ¿Busca con ilusión nuevas amistades?

* ¿Intenta gustar a la gente?

* ¿Se relaciona con otros triunfadores?

* ¿Ha adquirido una actitud relajada, de modo que resulte cómodo estar con usted?

* ¿Ha aprendido a recordar nombres?

* ¿Cuántas aficiones practica activamente?

* ¿Emplea su tiempo libre productivamente?

* ¿Participa activamente en su comunidad y en actividades culturales?

* ¿Se ríe y sonríe a menudo? ¿Es capaz de tomarse la vida día a día?

* ¿Practica el disciplinar su pensamiento en el presente?

* ¿Vigila usted regularmente lo que permite que entre en su boca para mantener un cuerpo sano?

* ¿Le interesa llegar a ser independiente económicamente?

* ¿Qué cosas debe usted hacer mañana para lograr ese objetivo? ¿Y pasado mañana?

* ¿Ha compartido sus objetivos personales con personas que piensen como usted y le apoyen?

* ¿Ha compartido usted sus objetivos personales con su familia?

12. Decisiones

En cualquier organización, ¿quién decide la distribución de la oficina, la combinación de los colores, el horario de trabajo, y el contenido del trabajo?

Personas.

¿Quién decide introducir la división del trabajo, enriquecer el trabajo, adquirir nueva maquinaria, o presentar un plan de opción de compra de acciones?

Personas.

¿Quién fija los objetivos de la compañía, el estilo de dirección, y la estrategia de mercado?

Personas.

¿Quién determina la productividad?

¡Personas!

13. Motivación

Su grado relativo de éxito en la vida depende principalmente de la cantidad de auto motivación positiva que adquiera. Analice los diez siguientes ingredientes esenciales de la motivación positiva y estimulante, según sean aplicables a usted. En una escala de 1 a 5, valore la cantidad de cada elemento que posea:

1. imagen de sí mismo positiva   1 2 3 4 5

2. percepción positiva de acontecimientos externos   1 2 3 4 5

3. actitud mental positiva   1 2 3 4 5

4. pensamiento positivo   1 2 3 4 5

5. conducta positiva asertiva   1 2 3 4 5

6. técnicas de encuentros individuales eficaces   1 2 3 4 5

7. compromiso personal   1 2 3 4 5

8. incuestionable fe en sí mismo   1 2 3 4 5

9. uso creativo de su mente subconsciente   1 2 3 4 5

10. intenso y sincero deseo de tener éxito en cooperación con otras personas   1 2 3 4 5

Basándose en sus resultados, decida ahora a qué necesita dedicarle más tiempo para aumentar su puntuación.

Recuerde: Una puntuación baja en un elemento cualquiera anula el valor incluso de una puntuación muy alta en el resto de los elementos.

14. Persistencia

Hubo un hombre que fracasó en lo negocios en 1831; fue derrotado para la asamblea legislativa en 1832; fracasó en los negocios en 1834; su novia murió en 1835; sufrió una crisis nerviosa en 1836; fue derrotado en una elección en 1838; no consiguió ganar la elección al Congreso en 1843 y 1846; fue de nuevo derrotado para el Congreso en 1848; fue derrotado para el Senado en 1855; fue derrotado para la vicepresidencia en 1856; y fue de nuevo derrotado para el Congreso en 1858. En 1860, ¡Abraham Lincoln se convirtió en Presidente de los Estados Unidos!

15. Imaginación Creativa

Hace algunos años se describió en el *Reader's Digest* un estudio en el que una clase de jugadores de baloncesto de un instituto había sido dividida en tres grupos de control para realizar un experimento. La media de la clase para tres tiros libres estaba en un treinta y nueve por ciento.

Al Grupo I se le dijo que no practicara el lanzamiento de tiros libres durante un mes.

Al Grupo II se le dijo que practicara el lanzamiento de tiros libres en el gimnasio una hora cada tarde durante un mes.

Al Grupo III se le dijo que practicara el lanzamiento de tiros libres en su imaginación una hora cada tarde durante un mes.

Los resultados indicaron que el rendimiento del Grupo I bajó de un 39 a un 37 por ciento (menos 2). El rendimiento del Grupo II aumentó de un 39 a un 41 por ciento (más 2). ¡El rendimiento del Grupo III aumentó de un 39 a un 42,5 por ciento (más 3,5)!

Explicación:

¡El Grupo III se imaginaba lanzando tiros libres que siempre entraban! El Grupo II sabía que su media era sólo del treinta y nueve por ciento, así que aceptaban los fallos en sus ejercicios.

16. Estrés

El estrés es una inestabilidad emocional que se produce generalmente como consecuencia de un pensamiento erróneo. Las personas inadvertidamente adoptan una estructura de la realidad basada en información inexacta, irracional, o insuficiente, y acaban demostrándose a sí mismas que esas falsas percepciones son en efecto correctas.

Este libro recomienda un enfoque activo y sistemático de la salud mental y de la conducta eficaz mediante un esfuerzo consciente y un pensamiento constructivo en el presente.

Necesitamos (a) desterrar los pensamientos no probados de nuestra mente, incluidas las creencias sobre nosotros mismos y nuestro mundo que no tenga una base real, y (b) superar los precondicionamientos negativos, especialmente aquellas creencias y opiniones que nuestros padres, profesores, amigos, y los medios de comunicación nos han repetido incansablemente durante años. Con demasiada frecuencia, nos hemos convertido en productos de las formas habituales de pensar de aquellos que han estado cerca de nosotros.

Cuestiones:

¿Representa su auto-conversación su forma de pensar en el presente basada en:

realidad objetiva o subjetiva?
percepciones positivas o negativas?

¿Le ayuda su forma de pensar en el presente a evitar conflictos y confrontaciones, a alcanzar sus objetivos, y a sentirse bien consigo mismo?

Advertencia:

El optimismo y las percepciones positivas son un hábito útil a desarrollar y practicar, pero no se olvide de la realidad. Los resultados nunca se pueden predecir con certeza, y el sentido común tendrá siempre algo que ver en la disposición de las cosas.

17. Creamos Nuestra Propia Realidad

Imagine que sufre usted la siguiente experiencia potencialmente perturbadora. Analice la relación natural causa-efecto que se produce de la siguiente manera:

Un acontecimiento, que está fuera de su control, conduce a una percepción, que está bajo su control, conduce a una auto-conversación, que está bajo su control,

conduce a unos sentimientos, que están fuera de su control,

conducen a una conducta, que está fuera de su control.

Acontecimiento: Le han pasado a usted por alto para un ascenso una vez más. Aunque usted tiene más antigüedad y mejor formación, una persona más joven es seleccionada como nuevo director de desarrollo de producto.

Percepción: Otros tienen más suerte que usted. El sistema de valoración da preferencia a la gente joven. La organización valora a otras personas más que a usted.

Auto-conversación: Usted no lo merece; no es un empleado productivo; no es tan bueno como la persona seleccionada para el ascenso.

Sentimientos: Rechazo, inseguridad, depresión.

Conducta: Menos esfuerzo, menos interés, menos entusiasmo por su actual trabajo.

¡Está usted intentando demostrar que sus falsas percepciones son correctas!

18. Soñar

¡El cuerpo manifiesta los pensamientos que la mente abriga! ¡Su éxito final en la vida estará en proporción directa a su capacidad para imaginarse a sí mismo como una persona con éxito!

Nuestra situación actual es simplemente la manifestación física de nuestro pensamiento anterior; del mismo modo, nuestra situación futura depende de los pensamientos que tenemos ahora.

Nuestras mentes conscientes, mediante la imaginación

intencionada, activan nuestra inteligencia divina para proporcionar medios creativos para alcanzar los resultados físicos deseados. Tales resultados sólo se pueden producir si los imaginamos primero en nuestra mente.

Ejemplo 1

Sueño: Desea usted convertirse en una persona más eficaz y con más éxito. Se ha preparado mental y físicamente para ello.

Respuesta: ¡Ahora asuma el papel que ha imaginado en su mente!

Cita: Como Vincent Van Gogh dijo una vez, «¡Sueña tu cuadro, luego pinta tu sueño!».

Ejemplo 2

Sueño: Es usted director de ventas de zona; y dc 250 oficinas, los resultados de su zona ocupan el lugar 171. ¡Usted desea ser el número uno! ¿Qué tiene que empezar a hacer para lograrlo?

Respuesta: ¡Empiece a actuar y a hacer aquello que la oficina número uno en ventas estaría haciendo!

Cita: El Dr. Harry Emerson Fosdick aconseja: «Imagínese intensamente a sí mismo derrotado, y eso sólo hará la victoria imposible. Imagínese como ganador, y eso sólo contribuirá enormemente al éxito. No se imagine como nada, e irá a la deriva como un barco abandonado».

19. ¡El sistema para el éxito que nunca falla!

1. Seleccione un objetivo principal que suponga un desafío y sea importante para usted.

2. Escríbalo en un trozo de papel, y especifique la fecha exacta de su consecución.

3. Lleve siempre consigo ese papel. Léalo varias veces al día en voz alta, e imagínese logrando el objetivo en su mente.

4. Fije el precio que debe pagar para alcanzar su objetivo. Luego comprométase a pagar ese precio.

5. Identifique varias opciones que por sí solas o juntas le permitan alcanzar su objetivo.

6. Haga una lista de los principales obstáculos que tendrá que superar para alcanzar su objetivo.

7. Tenga siempre en mente las recompensas que obtendrá al alcanzar su objetivo.

8. Empiece a tomar medidas para ir en pos de su objetivo, esté preparado o no.

Recuerde: El éxito se produce cuando la oportunidad se une a una acción basada en una cuidadosa preparación y planificación.

20. Afirmaciones

Utilice el poder de la auto-conversación para lograr sus objetivos personales. Sólo tiene que repetir sus afirmaciones seriamente y visualizarse a sí mismo alcanzando su objetivo. ¡La exaltación emocional que experimentará es semejante a la que experimentaría si ya hubiese alcanzado su objetivo en la vida real!

Para activar la imaginación creativa, recuerde que el cerebro registra los pensamientos en tres dimensiones: el componente idea, el componente imagen, y el componente emocional. Por lo tanto, debe usted intelectualizar la idea en su mente consciente, conceptualizar la consecución de su objetivo en su imaginación, y emocionalizar la idea con fe y deseo sincero.

21. Ame a las personas, utilice el dinero

El dinero es único en la función que puede desarrollar. Empleado adecuadamente, puede contribuir en gran medida a mejorar la calidad de vida:

* alimentos sanos y nutritivos
* una casa mejor que la media
* ropa mejor que la media
* educación superior para sus hijos
* actividades recreativas
* actividades culturales
* vacaciones regulares
* viajes internacionales
* aficiones interesantes
* contribuciones a obras benéficas
* jubilación anticipada
* ayuda a los desamparados y a los ancianos

Para conseguir independencia económica, necesita usted adoptar una mentalidad de riqueza. Como afirma Bob Proctor en *Born Rich*, «Dése cuenta de que las personas no se sienten cómodas con el dinero porque lo tienen; ¡lo tienen porque se sienten cómodas con él!».

22. Usted decide

Tomemos cien hombres de veinticinco años. El destino dice que a la edad de sesenta y cinco:

* Treinta y seis han fallecido.
* Cincuenta y cuatro son económicamente dependientes.
* Cinco todavía trabajan.

225

* Cuatro son económicamente independientes de por vida.
* Uno es rico.

Decida dónde quiere estar. No luche contra las probabilidades, ¡simplemente tome la decisión de estar entre el cinco por ciento de arriba!

23. Metro a metro, es difícil; pero ¡centímetro a centímetro, es muy fácil!

Tome los días de uno en uno. Todos tenemos que empezar en algún sitio. Pero es mucho más importante saber a dónde nos dirigimos, que dónde estamos o dónde hemos estado.

SI TIENE	HA VIVIDO	HASTA TENER 70 AÑOS LE QUEDAN
20 años	7.300 días	18.250 días
25 años	9.125 días	16.425 días
30 años	10.950 días	14.600 días
35 años	12.775 días	12.775 días
40 años	14.600 días	10.950 días
45 años	16.425 días	9.125 días
50 años	18.250 días	7.300 días
55 años	20.075 días	5.475 días
60 años	21.900 días	3.650 días
65 años	23.725 días	1.775 días
70 años	25.550 días	¿los está empleando sabiamente?

Y ahora, ¿qué va a hacer usted con el resto de su vida?

24. La vida consiste en solucionar problemas

¿En qué secuencia se enfrenta usted a la solución de los problemas?

1. ¿Culpa en primer lugar al acontecimiento o circunstancia?

2. ¿Culpa en primer lugar a otras personas y su actitud?

3. ¿Considera la posibilidad de que el problema pueda ser su propia actitud?

Poco importa a qué desafíos se enfrente en la vida; ¡lo que realmente importa es cómo reaccione ante ellos!

25. Formación

¿Cree usted que a la gente se le puede enseñar a pensar, y a pensar inteligentemente?

¿Cree usted que el secreto para manejar el estrés personal está en aprender a manejar el éxito personal?

Qué precio está pagando su compañía debido al estrés, teniendo en cuenta que:

* 150.000 millones de dólares se pierden anualmente debido al absentismo,
* 200.000 millones de dólares se pierden anualmente holgazaneando,
* 250.000 millones de dólares se gastan en total en sanidad,

¿Qué inversión anual en las actitudes de cada uno de sus empleados es razonable, si el resultado es un mayor beneficio, gracias a una mayor productividad debida a una disminución del estrés y a un aumento de la moral?

Hay tres factores clave. Las personas tienen que considerar:

* sus aptitudes, y aspirar a descubrirlas
* sus hábitos, y aspirar a mejorarlos
* sus actitudes, y aspirar a cambiarlas,

Como William James ha observado, «Ingenio significa poco más que la facultad de percibir de forma inhabitual».

26. Mire a través de la ventana de su vulnerabilidad al estrés

Valore cada afirmación de 1 (casi siempre) a 5 (nunca) según el grado en el que dicha afirmación sea aplicable a usted:

1. Desayuno y hago al menos una comida caliente cada día ____

2. Duermo más de siete horas al menos cuatro noches a la semana ____

3. Hago ejercicio vigoroso al menos dos veces por semana ____

4. Fumo menos de diez cigarrillos al día ____

5. Tomo menos de cinco bebidas alcohólicas a la semana ____

6. Me tomo un tiempo para relajarme dos veces al día ____

7. Asisto a una función social una vez por semana ____

8. Veo la televisión menos de una hora al día ____

9. Leo al menos un libro al mes ____

10. Expreso y recibo afecto regularmente ____

11. Me tomo un tiempo para dedicarlo a una afición regularmente ____

12. Organizo mi rutina diaria regularmente ____

13. Soy capaz de compartir mis frustraciones y preocupaciones con amigos ____

14. Tengo al menos un amigo íntimo en quien confiar en cuestiones personales ____

15. Me tomo unas vacaciones anuales fuera de la ciudad

____

16. Creo en, y practico, la mejora personal ____

17. Sinceramente me gusto ____

18. Sinceramente me gustan los demás ____

19. Sinceramente me gusta mi trabajo ____

20. Creo que tengo control sobre mi vida ____

Cualquier puntuación por encima de cincuenta indica vulnerabilidad al estrés. Es usted altamente vulnerable si su puntuación está entre sesenta y ochenta, y extremadamente vulnerable si su puntuación es superior a ochenta. Si su puntuación está por encima de sesenta debe usted valorar de nuevo su estilo de vida seriamente, y especialmente su actitud mental ante la vida.

Pregúntese a sí mismo. ¿Es mi actitud

* realista?
* racional?
* productiva?

Debe usted ser objetivo sobre este asunto, aunque el asunto sea usted mismo. ¡Intente pensar de forma original! El pensamiento original cuestiona una presunción previa.

27. Más sobre el establecimiento de objetivos

Muchas organizaciones están estableciendo mal sus objetivos en sus previsiones de ventas y en sus sistemas de planificación. Los directivos no se deciden a apuntar demasiado alto, sabiendo que quedarán mal a los ojos de la dirección si fracasan. De modo que apuntan sólo modestamente alto, a menudo basándose en resultados pasados, dándose cuenta de que así tienen más probabilidades de tener éxito. ¡El resultado es recompensar la mediocridad! Nadie gana en esta organización: ni los empleados ni la organización.

28. Construir sueños

Cinco pasos hacia el éxito personal:

1. Conózcase a sí mismo y sepa qué es lo que le encanta hacer.
2. Evalúe varias oportunidades y seleccione una que se ajuste a sus intereses particulares.
3. Fíjese objetivos coherentes con su sueño.
4. Planifique su trabajo dentro de un marco temporal concreto.
5. Haga funcionar su plan día a día.

Cinco factores clave que mejoran la productividad y los beneficios:

1. la motivación individual
2. las actitudes y expectativas de los empleados
3. la calidad de la supervisión
4. fijar objetivos de grupo
5. sistema de recompensas

29. Recorrer la distancia

La voluntad de recorrer la distancia es la clave de cualquier meta;
Resistir hasta el final a pesar de las probabilidades, elegir el papel del ganador.
Sería muy fácil no hacer ninguna elección;
Volver la cabeza hacia el otro lado e ignorar la llamada.

Una opción conduce a una montaña, la otra a un pantano.
Una lleva a donde el aire es puro, la otra a la niebla.
Elegir la buena es con seguridad difícil, sus desafíos son
duros.
La subida es escarpada e imponente; sus superficies son
rugosas.

Las multitudes viven sin rumbo con falso orgullo en su voz.
Y pasan sus días en vana búsqueda del significado de su
opción.
Aunque podrían encontrar satisfacción, y sentir
Las metas, el crecimiento, y la grandeza; pero ello exige de-
masiado.

Pero tú decides dejar la multitud y tomar el camino hacia
arriba,
Perseguir un objetivo, pagar el precio, a pesar de lo que
digan los demás;
Tú tienes tus propios compromisos, tu valor te saca de los
apuros,
De modo que no puedes creerlo, sólo fingir que es verdad.

Sentirte por un momento ganador puede ser todo lo que
necesites.
A veces parece tan lejano que piensas que no lo puedes
conseguir.
La distancia no se mide por lo que hayas hecho antes,
lo que queda por delante no lo puedes ver; puede que no
quede mucho más.

Y arriba, una fantasía de todo aquello que podrías soñar,
Un arco iris de tu felicidad, y alegría en constante fluir.
Luego, mirando desde las altas cimas de donde corres en
libertad
Ves que el camino hacia la grandeza es tu propia realidad.

Cuando alcanzas tus metas y recuerdas aquello a lo que le
tuviste miedo,

Compruebas que es mucho más bonito de lo que cuesta
arriba parecía.
Así que si recorres la distancia, no importará cómo llegaste,
Con dudas y miedo o velocidad y alegría, allí se llega igual.

   ¡Recorre la distancia!

H.M. Risinger

ANOTACIONES PERSONALES

ANOTACIONES PERSONALES

ANOTACIONES PERSONALES

Este libro se terminó de imprimir
el día 7 de marzo de 1995 en
Talleres Editoriales Cometa, S. A.
de Zaragoza.

Últimas publicaciones de IBERONET, S.A.

SERIE SUPERACIÓN

12. ZIG ZIGLAR
    Pasos hacia la cima.

13. MACK R. DOUGLAS
    Acostúmbrese al éxito.

14. WALTER D. STAPLES
    El poder de vencer.

SERIE EDUCACIÓN

4. TOM PRINZ
   Madurez familiar.

5. GERSHEN KAUFMAN y LEV RAPHAEL
   La autoestima en los niños.

SERIE BIOGRAFÍAS

2. CHARLES A. POISSANT y CHRISTIAN GODEFROY
   Los hombres más ricos del mundo.

3. BOB TOHMAS
   Walt Disney.

SERIE MINOR

3. *Pensamientos positivos.*

4. ANTONIO RUMI
   Tú puedes ser feliz.